TENHA CALMA

Mário Dominowski

TENHA CALMA

APRENDA A DOMINAR
E COMUNICAR SUAS
EMOÇÕES NA PRÁTICA

academia

Organização de conteúdo: Camila Gonçalves
Preparação: Fernanda Simões Lopes
Revisão: Valquíria Matiolli e Daniele Débora de Souza
Projeto gráfico e diagramação: Gisele Baptista de Oliveira
Capa: Kalany Ballardin | Estúdio Foresti Design

DADOS INTERNACIONAIS DE CATALOGAÇÃO NA PUBLICAÇÃO (CIP)
ANGÉLICA ILACQUA CRB-8/7057

Dominowski, Mário
Tenha calma : aprenda a dominar e comunicar suas emoções na prática / Mário Dominowski. - São Paulo : Planeta do Brasil, 2025.
192 p.

ISBN: 978-85-422-3803-7

1. Desenvolvimento pessoal 2. Emoções 3. Autocontrole I. Título

25-3628 CDD 158.1

Índice para catálogo sistemático:
1. Desenvolvimento pessoal

MISTO
Papel | Apoiando o manejo florestal responsável
FSC® C112738
FSC www.fsc.org

Ao escolher este livro, você está apoiando o manejo responsável das florestas do mundo e de outras fontes

2025
Todos os direitos desta edição reservados à
Editora Planeta do Brasil Ltda.
Rua Bela Cintra, 986, 4º andar – Consolação
São Paulo – SP – 01415-002
www.planetadelivros.com.br
faleconosco@editoraplaneta.com.br

Dedico este livro a três mulheres
importantes da minha vida.

Primeiro, a Nona, minha avó que,
mesmo dos planos invisíveis,
olha por mim até hoje e me guia.

A Ingrid Micheloto, minha irmã de outra
mãe, com quem tenho uma conexão
inexplicável e de outro mundo.

E, por último, à minha mãe, Márcia,
exemplo de ser humano e que me ensinou
tudo sobre amor e cuidado. Mamãezinha,
prometo ser sempre seu campeão.

SUMÁRIO

Tenha calma a partir do equilíbrio

Tenha calma na vida

6

Eu não sou o que me acontece.
Eu sou o que eu decido me tornar.[1]

1 Frase comumente atribuída ao grande psiquiatra e psicoterapeuta suíço Carl Jung (1875-1961).

APRESENTAÇÃO

COMO A COMUNICAÇÃO CHEGOU À MINHA VIDA

Desde muito jovem, sempre gostei do tema comunicação. Me lembro de como adorava envolver as pessoas em conversas, histórias e brincadeiras – era algo que fluía naturalmente em mim. Ser assim me levou, por exemplo, para a faculdade de cinema, onde vi diferentes jeitos de expressar emoções com imagens. Depois, com as primeiras aulas de yoga,[2] aprendi a interpretar meu próprio corpo.

Essa nova autoconsciência foi um superpoder muito interessante de desenvolver, pois pude perceber que, assim como eu, muitas pessoas não sabiam se comunicar e se sentiam "travadas".

---

2 Neste livro, optamos pela escrita de "yoga" com "y", conforme a grafia original da palavra, do sânscrito, mas sem o acento circunflexo, para preservar essa variação mais conhecida na língua portuguesa.

Assim, deu-se início a uma jornada de perceber meus comportamentos e, também, os dos outros quando se comunicavam com o intuito de perceber o que queriam com cada frase ou linguagem corporal.

Me dei conta de que muitos de nós não somos diretos na nossa comunicação. E posso explicar isso dando justamente um exemplo contrário, o de uma comunicação indireta: com receio de receber um sonoro "não" ao querer saber se o(a) parceiro(a) está disponível para sair com ela no fim de semana, a pessoa pergunta: "Você vai fazer algo no sábado?". Esse questionamento pode até parecer neutro ou casual, mas por trás dele existe a real intenção de convidar o outro para sair – porém, em vez de expressar isso objetivamente, a pessoa tenta primeiro mapear o terreno para evitar frustração ou rejeição.

Muitas vezes, essa forma de comunicação indireta vem de um lugar de insegurança, medo de conflito, ou falta de treino em expressar desejos de forma assertiva. Uma frase mais direta e saudável para substitui-la seria: "Eu queria muito te ver no sábado, você estaria disponível?". Com isso percebi que não apenas minha comunicação estava melhor, como também a própria emoção por trás do que estava comunicando. E foi assim que passei a trabalhar com isso nas redes sociais.

Não existe um jeito certo ou errado quando o assunto é comunicação. O mais importante é tentar e aprimorar aquilo que funciona para você, bem como sempre lembrar da importância de *cuidar* da mente e das emoções. Ao desenvolver inteligência emocional (ainda vamos falar muito sobre ela!), você terá uma espécie de mapa pessoal, um que todo mundo deveria ter em mãos, mas que poucos sabem interpretar. Afinal, quem nunca se deparou com uma emoção tão intensa que não sabia enfrentar e, então, simplesmente "travou"? Ou então foi pego de surpresa por alguma situação tão fora do comum que precisou de horas – ou até mesmo dias – para processar tudo o que aconteceu?

Sendo sincero, é compreensível que nem sempre consigamos ler o nosso guia emocional interno, até mesmo porque em um único dia podemos sentir mais de uma coisa. Ainda assim, é muito importante que a gente tente, já que gerenciar as emoções pode transformar tanto a nossa vida quanto o modo como nos relacionamos com o mundo. Mas não fique aí achando que ou você nasce com a habilidade ou jamais poderá aprendê-la. Assim como outras técnicas, esta não foge à regra e pode, sim, ser aprendida. Digo por experiência própria que, conforme fui conhecendo e melhorando minhas habilidades socioemocionais, minha habilidade de comunicar emoções também mostrou sinais de evolução.

Mesmo com esta breve apresentação, você pode se perguntar: o que as emoções têm a ver com comunicação? Para responder a essa questão, vou usar um pequeno exemplo: um bebê. Este livro não tem a ver com crianças, mas, quando pensamos nelas, principalmente em seus primeiros anos de vida, fica fácil lembrar que elas se comunicam por meio dos sentidos e emoções primárias, como raiva, alegria, tristeza e medo. Seja qual for a emoção, não é tão difícil decifrar como uma criança se sente. Então, podemos dizer que a emoção é uma espécie de primeira comunicação.[3]

---

3 CAMARGO, Denise. Emoção, primeira forma de comunicação. *InterAÇÃO*, Curitiba, v. 3, p. 9-20, jan./dez. 1999. Disponível em: https://core.ac.uk/download/pdf/87773802.pdf. Acesso em: 23 fev. 2025.

Conforme crescemos, conseguimos desenvolver e aprimorar nossa comunicação. Seja na fala ou na escrita, conseguimos expressar diferentes emoções para aqueles com quem queremos nos comunicar. Claro que essas maneiras são bastante "externas", mas só são porque a gente processou tudo de forma *interna*. Tipo aqueles momentos em que você só consegue pensar em uma boa resposta para alguém muito tempo depois de terminar uma discussão. Quem nunca?!

Tudo isso para dizer que a comunicação é um aspecto intrínseco à nossa espécie e nunca precisou ser "inventada". Ela foi apenas evoluindo e se adaptando a necessidades que surgiam. Hoje temos muitas formas de nos comunicar, e a internet realmente ajuda bastante nisso, mas a comunicação não se resume apenas às palavras ditas, a comunicação verbal. Aquelas não ditas, ou a comunicação não verbal, expressões faciais, gestos e o silêncio, também são formas de comunicar e têm muito poder se usadas da forma e no momento certos.

Nas próximas páginas, vamos nos aprofundar em cada um desses pontos. Mas preciso dizer que, ao longo da vida, notei que comunicar era mais do que apenas falar ou expressar ideias; era também uma ponte para criar conexões genuínas com outras pessoas. Usando a linguagem (verbal ou não verbal), podemos comunicar muita coisa. E, à medida que fui me aprofundando no universo da comunicação, em meus estudos e em minha prática diária, comecei a perceber que, por trás de cada interação, existe um universo de emoções. Cada palavra dita, cada gesto, carrega consigo uma carga emocional que muitas vezes influencia não só o conteúdo da mensagem, como também a maneira como ela é recebida e interpretada.

COMUNICAR É MAIS DO QUE APENAS FALAR OU EXPRESSAR IDEIAS, É TAMBÉM UMA PONTE PARA CRIAR **CONEXÕES GENUÍNAS** COM OUTRAS PESSOAS.

E é aí que, para mim, entra o yoga. Antes que você pergunte como, já digo que no início era o verbo, depois fez-se a luz. Então, durante bilhões de anos, aconteceram umas coisas aqui e ali não tão relevantes, até que chegamos ao ano de 1993, quando nasceu este que vos escreve, isso sim é importante, foca em mim (risos). Como eu disse antes, sempre fui uma criança de fácil sociabilidade e com uma tendência natural a incluir os outros em conversas e brincadeiras, e isso não mudou ao longo dos anos; apenas foi se solidificando e aprimorando. O ano de 2012 foi um divisor de águas na minha vida; foi quando fiz ao mesmo tempo duas faculdades, com assuntos totalmente diferentes: a primeira foi Comunicação Social com ênfase em Rádio, Televisão e Internet, e a segunda foi Filosofia Hindu com foco em yoga. A segunda foi por hobby, a primeira, por profissão, mas no fim acabaria unindo ambas e nem imaginava que daria tanta liga.

Isso porque essa união me mostrou que comunicar bem não tem a ver com o que se diz, e sim ao que se sente antes de dizer. Durante a faculdade de Comunicação Social, aprendi técnicas valiosas para estruturar uma boa fala, organizar ideias e transmitir mensagens com clareza. Mas foi através do yoga, da auto-observação e do mergulho no autoconhecimento que aprendi algo ainda mais profundo: identificar o que estou sentindo antes de colocar em palavras. Percebi que só consigo me comunicar de forma verdadeira quando corpo, mente e emoções estão minimamente em harmonia. E foi nessa junção – entre técnica e presença, saber falar e saber sentir – que nasceu, para mim, o entendimento da inteligência emocional. Quando reeduquei meu comportamento a partir disso, minha vida mudou em todos os sentidos, abrindo caminhos que antes simplesmente não enxergava. Parece mágica

– e, de certa forma, é mesmo. Descobri ali uma ferramenta poderosa de autoconhecimento e transformação.

E é isso que este livro é. Um mergulho no que estudei e naquilo que me ajudou a chegar aonde cheguei. Não é um mapa do tesouro – é mais uma ferramenta para você, querido leitor, se localizar e aprender a ler sua bússola interior, pois, quando souber como interpretá-la, não importará onde esteja no mapa da vida, ela sempre apontará para o seu norte.

Como uma conversa entre amigos, aqui compartilho tudo que aprendi ao longo dos anos, tanto na minha prática das ferramentas que uso quanto na vida real. Se você me conhece, será um prazer te acompanhar nesta leitura. E, se você não me conhece ainda, não se preocupe, sou Mário Dominowski, comunicador e psicoterapeuta. E quero te ajudar a aprender a navegar pelo oceano das emoções com mais clareza e confiança.

Ao final de cada capítulo, proponho exercícios para a mente e para o corpo como maneiras de criar mais intimidade e consciência emocional. Faça-os com carinho como uma forma de autocuidado e de autoestudo. Eu te garanto: depois de finalizar esta leitura, você vai se sentir mais preparado para encarar qualquer desafio emocional que surgir.

Vamos juntos nesta jornada de autoconhecimento e crescimento?

Respire fundo.

Tenha calma na mente

6

Não é o que te acontece, mas como você reage a isso que importa.

– Epicteto[4] –

4 Filósofo estoico grego. A frase refere-se a um ensinamento do *Manual de Epicteto* (século 2).

1

EMOÇÕES *VERSUS* SENTIMENTOS

Tempos atrás me reuni em um barzinho com alguns amigos que eu não via desde a época do ensino médio. Foi pura sorte, já que é muito difícil todos nós estarmos na mesma cidade. Vida adulta e todo o resto que você já sabe. Mais tarde, depois do encontro, fiquei pensando na quantidade de coisas que a gente conversou e como cada uma impactava o clima e as reações gerais de cada maneira. Numa mesma conversa de bar, meus amigos e eu passamos por diversos assuntos que provocaram desde reações sutis, como uma risada breve, até as mais intensas, como um som frustrado ou de raiva ao saber de uma injustiça.

Tudo isso foi uma resposta automática do guia natural que nos orienta no mundo. Nossas emoções. Pode parecer óbvio o que vou falar, mas é importante reforçar que precisamos delas para regular a forma como nos conectamos com outras pessoas, com nosso corpo e com nossa mente. Porque, quando entendemos e

QUANDO ENTENDEMOS E ACEITAMOS NOSSAS EMOÇÕES, FICA MAIS FÁCIL INTERPRETAR O QUE SENTIMOS E POR QUE SENTIMOS O QUE SENTIMOS, TORNANDO NOSSAS REAÇÕES MAIS **CONSCIENTES** E **EQUILIBRADAS**.

aceitamos nossas emoções, fica mais fácil interpretar o que sentimos e por que sentimos o que sentimos, tornando nossas reações mais conscientes e equilibradas.

Segundo Daniel Goleman, autor do livro *Inteligência emocional*, "em nosso repertório emocional, cada emoção desempenha uma função específica".[5] Seja como nos relacionamos, seja como criamos laços ou como entendemos o que os outros e nós mesmos estamos sentindo, as emoções são uma espécie de linguagem universal, algo sobre o qual todos falamos, não importa o idioma ou o país em que tenhamos nascido.

Antes de avançarmos, comecemos separando "emoções" de "sentimentos". Eu sei, parece tudo a mesma coisa, mas não é.

Imagine a seguinte situação: de surpresa, chamam você para apresentar um projeto para umas cem pessoas. Na hora, o corpo dispara: coração acelera, mão sua, o estômago parece estar cheio de borboletas. Essa explosão imediata é a **emoção** – um "sinal químico de alerta", como explica o neurocientista António Damásio, em *O erro de Descartes*.[6]

Ao terminar sua fala, o público aplaude, você desce do palco e percebe uma sensação quentinha de orgulho misturada à autoconfiança que dura horas, às vezes dias. Isso é o **sentimento**: a interpretação consciente daquela emoção, já digerida pela mente, que a transforma numa memória afetiva mais longa. Emoção é a

5 GOLEMAN, Daniel. *Inteligência emocional*: por que ela pode importar mais que o QI. Ed. comemorativa de 10º aniversário. Rio de Janeiro: Objetiva, 2011. p. 40.

6 DAMÁSIO, António R. *O erro de Descartes*: emoção, razão e o cérebro humano. [*S. l.*]: Edição Econômica, 2012.

faísca; sentimento é o fogo que continua a queimar depois que a faísca se apaga.

Enquanto a emoção é aquela reação rápida e automática que geralmente não dura muito tempo, o sentimento é mais duradouro e consciente. É a forma como interpretamos as emoções rápidas com o passar do tempo, é aquilo que podemos manter conosco depois que a intensidade já passou. É mais profundo e envolve a maneira como pensamos e processamos as emoções. No caso do exemplo do namoro, a briga pode não dar nada se comparada a um sentimento forte que une o casal. Resumindo, as emoções são como uma faísca: rápidas e intensas. Os sentimentos, por sua vez, são como o fogo, que pode durar mais tempo dependendo de como você interpreta a faísca inicial.

Mas essa resposta automática não é boa nem ruim, ela simplesmente é uma resposta. Quem nunca ouviu que devemos sempre prezar pelas emoções positivas, como a alegria e a calma, e evitar ao máximo sentir raiva ou tristeza, as chamadas emoções negativas. Mas emoções não têm um botão de liga e desliga, além de terem uma função na regulagem do nosso corpo.

Divertida Mente,[7] aquele filme da Disney sobre as emoções em desenvolvimento na cabeça de uma menina, é todo sobre a importância de cada emoção. **Raiva**, por exemplo, motivava Riley, a protagonista, a agir diante de uma injustiça, mesmo que impulsivamente. **Medo** dava à garota soluções para possíveis perigos, ainda que

7 DIVERTIDA MENTE. Direção de Pete Docter. Roteiro de Meg LeFauve, Josh Cooley e Pete Docter. Produção de Jonas Rivera. Califórnia: Walt Disney Pictures/Pixar Animation Studios, 2015 (1h35min).

parecesse muito com ansiedade. **Nojo** a auxiliava a decidir o que queria para si mesma, apesar de ser de um jeito meio metido. E **Tristeza** a ajudou a lidar com a perda das amiguinhas ao se mudar de escola, permitindo que Riley refletisse e desse espaço para uma nova **Alegria** amadurecer.

O problema para Riley e para nós – pessoas reais – não está em sentir essas emoções, mas em como reagimos (ou deixamos de reagir) a elas. Vou propor um exercício de reflexão para você começar a avaliar como está reagindo às suas emoções. Imagine que um amigo pediu algo importante emprestado, como sua coleção favorita de livros, mas ele demora muito para ler e devolver. Se você for um leitor desapegado, já deve imaginar que, segundo a crença popular, 60% dos livros emprestados nunca voltam. Só que, se você for daqueles que têm muito carinho pelas obras, com certeza isso te deixaria muito frustrado...

Mas e aí? Como você reage? Briga com seu amigo? Dá indiretas? Aproveita uma visita à casa dele para pegar os livros de volta?

Independentemente do que você faça, é preciso lembrar que, quando não lidamos bem com o que sentimos, podemos acabar machucando a nós mesmos e aos outros. Por isso, é fundamental aprender a reconhecer e a lidar com as emoções de forma saudável. Quando estamos cientes do que estamos sentindo e do porquê, temos mais controle sobre nossas reações. Isso significa que, em vez de sermos levados pelo ressentimento ou pela frustração, conseguimos pausar, respirar e escolher como vamos agir. A inteligência emocional é a chave para esse processo, e ela começa com a simples prática de observar nossas emoções, sem julgá-las, e entender o que elas estão tentando nos dizer.

Desse modo, tudo o que sentimos é importante, até mesmo aquilo que é erroneamente chamado de negativo, já que tudo isso desempenha um papel essencial no nosso bem-estar geral. Gerenciar emoções não é sobre suprimi-las, mas aprender a ouvi--las, entendê-las e transformá-las em aliadas. Quando identificamos o que estamos sentindo no momento, podemos ganhar mais clareza sobre como reagir às situações de maneira mais equilibrada.

Por exemplo, imagine que você esteja no trânsito e alguém te dê uma fechada de repente. O que acontece? Naquele momento, você pode sentir uma onda de raiva. Talvez você acelere, buzine ou grite. Mas foi só um carro na sua frente. É então que os sentimentos-base surgem para ou dar mais força a essa raiva – identificável em "esta semana está uma droga mesmo!" – ou se transformar em uma reflexão – como "por que reagir com tanta intensidade ao que, no fundo, só é algo tão comum de acontecer?".

Esse é o poder das emoções. Elas surgem rapidamente, às vezes sem que a gente perceba, e podem transformar a maneira como vemos o mundo ao nosso redor. O problema é que, quando não as reconhecemos ou entendemos, as emoções podem assumir o controle, fazendo com que ajamos de maneira que nem sempre gostamos. É exatamente sobre isso que falaremos nos próximos tópicos.

2

INTELIGÊNCIA EMOCIONAL: POR QUE ESTOU SENTINDO ISSO?

Não tem como começar a falar de inteligência emocional sem mencionar autoconhecimento, já que se trata de um dos pilares fundamentais da prática. De modo geral, a inteligência emocional envolve a capacidade de reconhecer, compreender e gerir as próprias emoções, bem como reconhecer e ter empatia com as emoções alheias. Sem entendermos a nós mesmos, torna-se difícil estar ciente dos nossos estados emocionais, identificar gatilhos emocionais, reconhecer nossas forças e fraquezas e entender o impacto do nosso comportamento sobre os outros.

O autoconhecimento permite que uma pessoa reflita sobre sentimentos, pensamentos e ações. Ao entender a si mesma, uma pessoa está mais apta a lidar com situações desafiadoras, tomar decisões informadas e agir de maneira coerente com os próprios valores e objetivos. É importante dizer que o autoconhecimento não tem hora marcada para começar. É como um convite inesperado para a auto-observação. E, quando aceitamos esse convite, amadurecemos dez vezes mais rápido. Ignorar nossos traços ou tendências não faz com que desapareçam – eles continuam lá, quer a gente queira ou não. Mas, ao aceitá-los, aprendemos a moldar aquilo que não nos serve e conseguimos potencializar o que nos faz bem.

Com certeza você já ouviu as expressões "calor do momento" e "sem pensar". Talvez tenha até as usado para explicar algo que você fez ou falou quando sentiu alguma emoção muito forte. Ambas marcam a impulsividade e a pressa em realizar algo, doa a quem doer. Infelizmente, quase sempre vêm com algum tipo de ressaca moral, porque nós somos seres que pensamos demais e, a depender do que fizemos, ficamos ruminando aquilo por horas, para não dizer dias. Só que "ruminar" não é algo saudável, ficar tão preso no passado pode transformar a emoção em sentimento, que vai nos acompanhar por muito tempo.

É aí que entra o conceito de inteligência emocional. Muitas vezes passamos por momentos emocionais extremos sem realmente pensar no que estamos sentindo, sem falar sobre essas emoções e sem trabalhar a razão pela qual estamos reagindo daquela maneira. É como se estivéssemos no "piloto automático", deixando as emoções assumirem o controle. O problema é que os desafios se acumulam e, se você não fala sobre o que sente, tudo pode piorar. Expressar a emoção em palavras é a parte central da inteligência emocional. Quando verbalizamos (ou escrevemos) o que se passa por dentro, ativamos no cérebro áreas ligadas à autorregulação, diminuímos a produção de cortisol e favorecemos a tomada de decisões mais ponderadas.

O psicólogo norte-americano James Pennebaker, da Universidade do Texas, demonstrou em diversas pesquisas que a escrita ou a fala estruturada sobre experiências emocionais reduz sintomas físicos de estresse, fortalece o sistema imunológico e melhora, inclusive, o desempenho cognitivo.[8] Em outras palavras, compreender e comunicar a emoção forma um ciclo: primeiro a tomada de consciência; em seguida, a externalização segura (com um amigo de confiança, um profissional ou num diário). Essa segunda etapa impede que sentimentos fiquem "rodando em segundo plano", consumindo energia mental e impactando negativamente o corpo – tema que retomarei no Capítulo 15, quando falaremos sobre estratégias práticas para transformar diálogo interno em ação concreta.

Muita gente me pergunta: "Mário, inteligência emocional é sobre entender as emoções racionalmente?". Minha resposta é sempre a mesma: **sim** e **não**. Saber que você está triste, por exemplo, não faz a tristeza desaparecer. Você pode até analisar as razões por trás do sentimento e tentar dar nome ao que está acontecendo. Mas o verdadeiro aprendizado só acontece quando você permite que a tristeza seja sentida, em vez de apenas analisada. Eu gosto de chamar isso de "sentir o sentimento".

---

8 A esse respeito, além das obras do pesquisador, sugiro: BUCKINGHAM, Louise. The Healing Power of Words: Exploring Pennebaker's Theory of Expressive Writing, *Happio*, c2023. Disponível em: https://happio.io/the-healing-power-of-words-exploring-pennebakers-theory-of-expressive-writing/. Acesso em: 13 maio 2025.

Emoções foram feitas para serem vividas; pensamentos, para serem pensados. Por mais que tentemos racionalizar aquilo que sentimos, só conseguimos atravessar e transformar as emoções quando as acolhemos. A chave está no controle, não podemos deixar que as emoções fiquem soltas, nem que os pensamentos alimentem a negatividade.

Daniel Goleman pontua que: "a inteligência emocional inclui autoconsciência, controle de impulsos, motivação, empatia e habilidades sociais".[9] Para chegarmos a um bom nível de conhecimento e percepção de nós mesmos, precisamos estar dispostos a isso, pois apenas nós estamos 100% do tempo dentro da nossa cabeça, percebendo nossas emoções. Até mesmo psicólogos, psiquiatras e terapeutas precisam de informações "íntimas" para realizar atendimentos e chegar a um diagnóstico. Em outras palavras, somente você poderá trilhar esse caminho, já que é a única pessoa capaz de se autoconhecer.

Pense na inteligência emocional como um "termômetro" interno que ajuda você a manter o equilíbrio entre mente e corpo, reduzindo o impacto negativo das emoções mal controladas. Quando você trabalha sua inteligência emocional, começa a refletir mais sobre a motivação de suas reações ou sobre como a mensagem chegou até você, como se fosse um espectador da própria vida. É quase como se tivesse uma triagem de pensamentos e emoções – um filtro – e, em vez de seguir o impulso da primeira reação, conseguisse ter um momento de pausa para assimilar o que acabou

9 GOLEMAN, Daniel. *Inteligência emocional*: por que ela pode importar mais que o QI. 2. ed. Rio de Janeiro: Objetiva, 2001. p. 55.

QUANDO VOCÊ TRABALHA SUA **INTELIGÊNCIA EMOCIONAL**, COMEÇA A REFLETIR MAIS SOBRE A MOTIVAÇÃO DE SUAS REAÇÕES OU SOBRE COMO A MENSAGEM CHEGOU ATÉ VOCÊ, COMO SE FOSSE UM ESPECTADOR DA PRÓPRIA VIDA.

de acontecer antes de reagir. Mas vale lembrar: o conceito tem raízes muito mais profundas, para além de mim e de outros pesquisadores, que nos convidam a explorar a riqueza e a complexidade do que é ser humano.

Uma prática simples, mas muito eficaz, é manter um diário emocional. Antes de dormir, reserve alguns minutos para registrar como você se sentiu ao longo do dia. Você pode escrever como se sentiu em diferentes momentos, o que desencadeou essas emoções e como reagiu a elas. Ao fazer esse exercício regularmente, você pode aumentar sua consciência emocional, permitindo que identifique padrões de comportamento.

EXEMPLO PRÁTICO:

- **Emoção do dia:** ansiedade.
- **Gatilho:** uma reunião inesperada no trabalho.
- **Reação:** fiquei inquieto e imaginei cenários negativos.
- **O que realmente aconteceu:** me atribuíram novas demandas, mas consigo resolvê-las.

Outro exercício útil é programar pausas conscientes ao longo do dia para fazer um *check-in* emocional. Você pode escolher momentos previsíveis, como logo depois de concluir uma tarefa, ao trocar de ambiente ou mesmo antes de abrir sua caixa de e-mails, e, também, acionar a pausa sempre que perceber um pico de agitação.

O objetivo é treinar a diferenciação entre pensamentos automáticos e emoções automáticas:

- **Pensamentos automáticos** – interpretações rápidas, muitas vezes críticas ou catastróficas, que surgem sem esforço deliberado.
- **Emoções automáticas** – as respostas afetivas e fisiológicas que normalmente acompanham esses pensamentos (aceleração cardíaca, tensão muscular, inquietação etc.).

Quando você identifica ambos, sai do piloto automático e cria espaço para **escolher** a melhor forma de responder. Enquanto os pensamentos e as emoções surgem como *reações involuntárias*, a decisão sobre o que fazer em seguida é uma *ação consciente*.

Pergunte-se:

- O que estou sentindo no corpo agora?
- É raiva, ansiedade, tristeza ou outra coisa?
- Que pensamento passou pela minha mente imediatamente antes dessa sensação?
- Esse pensamento é um fato ou uma interpretação?
- Qual resposta intencional eu posso escolher daqui para a frente?

Essas pausas são como pequenos *checkpoints* emocionais que permitem entender as emoções antes que elas cresçam e tomem conta do nosso estado, identificando de onde aquela emoção está surgindo. Isso é fundamental para evitar reações impulsivas e para agir de maneira mais consciente, com base no que realmente está acontecendo, e não no que imaginamos.

Inteligência emocional tem tudo a ver com entender o que se passa dentro de nós. Ainda, a olhar para nossas limitações sem medo. E, acima de tudo, nos ensina que essas limitações não precisam definir como vivemos. Ao dominarmos nossas emoções e pensamentos – em vez de sermos dominados por eles –, ganhamos a capacidade de enfrentar desafios com mais serenidade e eficácia.

Para finalizar, vamos imaginar que você tenha uma apresentação importante no trabalho. Na noite anterior, você não consegue dormir, levanta com dor de cabeça, sem apetite e nervoso. No momento da apresentação, as palavras simplesmente não saem como você queria e provavelmente praticou. Esses sinais são o corpo dizendo: *"Ei, estou sobrecarregado!"*. A boa notícia é que, ao reconhecer esses padrões com a inteligência emocional, você pode se preparar melhor e evitar esses efeitos desgastantes.

Por exemplo:

- **Cuide do sono:** priorize uma boa higiene do sono na noite anterior.
- **Organize suas ideias:** reserve um tempo para preparar a apresentação com antecedência.
- **Controle a ansiedade:** exercícios respiratórios, sobre os quais falaremos mais adiante, ajudam a manter o nervosismo sob controle.

- **Alimente-se bem:** cozinhar ou comer sua refeição favorita pode ajudar a regular o apetite.
- **Pratique:** ensaiar a apresentação sozinho ou com amigos pode aumentar sua confiança.

A inteligência emocional é uma capacidade valiosa, capaz de impactar várias instâncias da nossa vida. Olhemos para as nossas emoções com mais cuidado.

3

ALÉM DA MENTE

"Conexão é a razão de estarmos aqui;
é o que dá propósito e sentido à nossa vida."

– Brené Brown[10] –

Eu amo ser comunicador. Tudo o que envolve o audiovisual – bastidores, cinema, direção de fotografia, roteiro – sempre representou uma paixão para mim. Quando criança, andava com uma câmera filmadora de fita JVC (se você nasceu depois dos anos 2000, pesquise no Google), filmando e registrando tudo com meu primo Marco, que sempre estava à frente das câmeras e futuramente seria jornalista. Até hoje adoro registrar a vida em fotos e vídeos e, no fim do ano, reassisto a tudo como uma grande e

10 BROWN, Brené. *A coragem de ser imperfeito*: como aceitar a própria vulnerabilidade, vencer a vergonha e ousar ser quem você é. Rio de Janeiro: Sextante, 2016. p. 17.

divertida retrospectiva. Para mim, registrar esses momentos é eternizar o sentimento daquele dia em um instante, visto que nunca mais serei a mesma pessoa que viveu aquilo; estamos sempre em evolução. Então, acredito que gravar algo é marcar o tempo e, ao rever os registros, perceber quanto o Mário do presente evoluiu (ou não) desde aquele momento.

Comunicar é integrar, compartilhar e entender. "Quem não se comunica, se trumbica", dizia o grande comunicador Chacrinha, e isso serve para qualquer pessoa, em qualquer país, em qualquer profissão. Quando nos comunicamos, criamos uma ponte entre pessoas para a troca de ideias e abrimos espaço para crescermos juntos, mesmo que não concordemos com um ou outro assunto. Até mesmo porque, em essência, a comunicação é uma troca. E, para que isso seja realmente eficaz, é necessário entender não apenas o que está sendo dito, mas também o que está sendo sentido. Percebi que, para me conectar de verdade com as pessoas, precisava ir além das palavras. Precisava entender as emoções que permeavam essas conversas, tanto as minhas quanto as dos outros.

"Ah, Mário, isso é só ser empático." Sim, justamente! As emoções desempenham um papel fundamental na forma como nos comunicamos com os outros. Muitas vezes, pensamos que a comunicação se resume às palavras que dizemos, mas a verdade é que o tom de voz, as expressões faciais e até o nosso silêncio carregam emoções capazes de moldar a mensagem. As emoções podem amplificar ou distorcer aquilo que queremos expressar, e é por isso que é tão importante entender o impacto delas em nossas interações diárias.

AS EMOÇÕES PODEM **AMPLIFICAR** OU **DISTORCER** AQUILO QUE QUEREMOS EXPRESSAR.

Para deixar mais claro, imagine uma situação irritante de trabalho. Ao chegar em casa, por estar cansado e zangado, você responde de forma mais ríspida a alguém da sua família. O que era para ser uma conversa casual se transforma em um mal-entendido, e, sem intenção, uma tensão surge no ambiente. Isso acontece porque suas emoções – no caso, a irritação do trabalho – influenciaram diretamente o tom de voz e as palavras que você escolheu, mesmo que seu familiar não tivesse nada a ver com o que te irritou.

Pense aí quantas vezes você já disse algo de forma impulsiva, movido por uma emoção forte, e depois se arrependeu?

É por esse motivo que a comunicação emocional pode tanto melhorar quanto prejudicar nossas relações. Quando estamos em sintonia com nossas emoções e as gerenciamos de forma saudável, conseguimos transmitir nossas ideias com mais clareza e autenticidade. A empatia é isso.

E o que realmente é empatia? Muita gente a confunde com simpatia (*"puxa, que chato que isso aconteceu com você, amiga!"*) ou com "ser legal" o tempo todo. Brené Brown, autora e pesquisadora sobre temas como vergonha, vulnerabilidade e liderança, define empatia como a habilidade de *reconhecer*, *compreender* e *partilhar* os sentimentos do outro sem tentar consertá-lo nem roubar o protagonismo da história.[11]

---

11 BROWN, Brené. *A coragem de ser imperfeito*: como aceitar a própria vulnerabilidade, vencer a vergonha e ousar ser quem você é. Rio de Janeiro: Sextante, 2016.

AS TRÊS CAMADAS DA EMPATIA

- **Cognitiva** – *"Eu entendo o que você está sentindo."*
- **Emocional** – *"Eu sinto algo ao perceber o que você sente."*
- **Compassiva** – *"Eu me importo o suficiente para agir (ou simplesmente estar) com você."*

Desenvolver essas três camadas fortalece não somente relações pessoais, mas também a comunicação profissional: ouvimos melhor, reagimos menos e respondemos de modo mais claro.

SINAIS DE POUCA EMPATIA EM UMA CONVERSA

- Interromper com conselhos rápidos.
- Minimizar ("isso não é nada") ou competir ("já passei coisa pior").
- Mudar de assunto para si mesmo.

Reconhecer esses hábitos é o primeiro passo para substituí-los por presença real.

Para fecharmos o assunto empatia, gostaria de puxar um assunto importante que está muito relacionado: a projeção. Imagino que você já saiba o que é, mas, caso não saiba, proponho o seguinte exemplo: imagine que você tenha uma notícia muito empolgante como "encontrei um emprego e vou me mudar de cidade", então conta para um amigo e, em vez de ser recebido com a mesma animação, o que você ouve é: "nossa, mas isso não é perigoso?", "se fosse eu, não faria isso", ou "ai, você não acha que isso é um pouco demais?". Estranho, né?

Projeção é um mecanismo de defesa meio inconsciente que podemos direcionar para uma pessoa ou um objeto. Geralmente ganha força quando tem algo não muito legal acontecendo na nossa vida, momentos que a gente não está tão fortalecido e acha difícil resolver o que nos incomoda. É uma situação que, no lugar de buscar modos de cuidarmos de nós mesmos, parece ser mais fácil a gente colocar a culpa, as frustrações, os medos no outro. Assim, não seremos as únicas pessoas com problemas.

Percebo (opinião minha) que a projeção acontece mais em pessoas muito reprimidas, ou muito repressoras, pois essas características fariam a pessoa ter desejos, acabando por projetar no outro as próprias inseguranças em vez de mudar os próprios hábitos. É mais fácil a gente querer mudar outra pessoa do que mudar a nós mesmos.

Portanto, entender e gerenciar nossas emoções nos ajuda a sermos melhores comunicadores. Quando somos capazes de perceber o que estamos sentindo e como isso pode influenciar nossas palavras, conseguimos fazer escolhas mais conscientes sobre o que e como vamos comunicar ou o que não vamos projetar nos outros. Isso nos permite criar um ambiente de diálogo mais saudável, no qual as emoções estão presentes, mas não no controle. Afinal, a verdadeira comunicação acontece quando há uma troca genuína, em que palavras e emoções trabalham juntas de forma equilibrada.

Essa constatação me levou a explorar e valorizar a inteligência emocional como uma ferramenta essencial. Afinal, ela é a chave para navegar por esse oceano interno de sentimentos e sensações, permitindo que decisões mais conscientes sejam tomadas e, principalmente, exista mais clareza em como lidar com os desafios emocionais do dia a dia. Se nossa mente fosse um carro, a inteligência emocional seria o volante – ela nos dá o controle sobre a direção – e as emoções seriam as crianças que ficam no banco de trás do veículo – em um lugar visível, confortável para que você entenda as reclamações, os comentários e as brincadeiras, mas longe do acesso ao volante, tomando o rumo para onde o carro deva ir.

O controle emocional, portanto, refere-se à capacidade de lidar com situações adversas, mantendo o controle e a segurança, de forma positiva e menos estressante. Pessoas que conseguem barrar seus impulsos têm maiores chances de manter um controle emocional frequente. A ideia é sempre lembrar que você tem uma escolha, que o controle das emoções está em suas mãos.[12]

Em outras palavras, exercer o controle emocional não é sinônimo de "engessar" o que sentimos – ninguém quer virar um robô sem afeto. Trata-se, antes, de assumir uma postura ativa diante do próprio estado interno. Quando fazemos essa escolha consciente, criamos uma espécie de zona de amortecimento entre o estímulo e a resposta: alguns segundos valiosos em que podemos decidir o tom da conversa, o limite a ser colocado ou a palavra que vai construir, e não destruir, a ponte com o outro. A pesquisa em psicologia cognitiva mostra que esse intervalo minúsculo reduz a liberação de cortisol, preserva a clareza mental e

---

12 KOELLE, Isis. Inteligência Emocional: O que é, Importância e como Desenvolver. *Portal do RH* – Governo de Mato Grosso do Sul, 21 jun. 2024. Disponível em: https://www.portaldorh.ms.gov.br/artigo-inteligencia-emocional-o-que-e-importancia-e-como-desenvolver/. Acesso em: 2 maio 2025.

aumenta a chance de recorrermos a estratégias colaborativas em vez de impulsos de ataque ou fuga.[13] Controlar-se, portanto, não é reprimir; é cuidar bem daquilo que sentiremos de qualquer forma, transformando emoção em ação intencional – e não em reação automática.

Assim, agora imagine você mesmo tomando o controle das emoções, entendendo-as a fundo e usando-as a seu favor. Vou compartilhar outro diário emocional, em uma versão um pouco mais profunda que a anterior. Pense neles como passos para você aplicar no seu dia a dia. Quando um não mais contemplar sua prática, você avança para o outro.

O "*Check-in* Emocional Diário" é uma prática simples e poderosa que pode te ajudar a se tornar mais próximo de si mesmo. Reservar alguns minutos do dia para respirar e refletir sobre como você está se sentindo é um grande passo para entender e gerenciar melhor suas emoções.

COMO FAZER:

1. **Pare e respire:** encontre um lugar tranquilo, respire fundo algumas vezes e permita-se desacelerar. Essa pausa ajuda a mente a se acalmar e cria o espaço necessário para olhar para dentro.

13 GROSS, J. J. Emotion regulation: current status and future prospects [Regulação emocional: estado atual e perspectivas futuras]. *Psychological Inquiry*, v. 26, n. 1, p. 1-26, 2015.

2. **Pegue papel e caneta:** escrever à mão é uma prática que desacelera o pensamento e promove maior conexão com o momento presente. Hoje em dia, estamos tão acostumados a digitar rapidamente que perdemos a oportunidade de refletir enquanto escrevemos. Aqui, a calma é essencial. Não tenha pressa – quanto mais você praticar, mais fácil será identificar e lidar com suas emoções no futuro.

3. **Responda a estas três perguntas:**
   - *O que estou sentindo agora?*
   - *Como meu corpo está reagindo a essas emoções?*
   - *Por que estou me sentindo assim?*

4. **Nomeie a emoção:** dê um nome ao que está sentindo. Pode ser uma emoção única ou uma mistura delas. Por exemplo: "Estou ansioso e com medo". Nomear a emoção ajuda a reconhecê-la e a começar a lidar com ela.

5. **Explore a emoção:** aprofunde o momento com algumas perguntas:
   - *O que está causando essa emoção?*
   - *Essa emoção me é familiar?*
   - *Quando foi a última vez que me senti assim?*

6. **Reflexão final:** pergunte-se:
   - *Do que eu preciso agora?*
   - *Como posso me cuidar neste momento?*

Fazer esse exercício regularmente vai te ajudar a se familiarizar com suas emoções e aumentar sua autoconsciência. Com o tempo, você perceberá que é mais fácil identificar sentimentos e usá-los a seu favor, criando uma relação mais saudável com você mesmo. Lembre-se: entender a raiz das suas emoções é tão importante quanto identificá-las, já que emoções muitas vezes se misturam e têm origens mais profundas. Um exemplo:

- *Essa situação me deixou com raiva...*
- *Mas foi raiva mesmo? Não é uma palavra muito forte? Não seria uma sensação de impotência? Será que não é frustração?*
- *Sim, na verdade, fiquei frustrado porque queria um resultado A, mas aconteceu B.*

DICA EXTRA:

Aqui está uma lista com 35 emoções para te ajudar a identificar o que está sentindo. Use-a para explorar e entender melhor suas reações.

1. **Expectativa:** tensão agradável (ou ansiosa) que surge quando antecipamos algo positivamente – desde a chegada de um e-mail importante até o reencontro com alguém querido. Funciona como "pré-energia": direciona atenção, motiva planejamento e prepara o corpo para a novidade. Por exemplo: uma entrevista marcada para amanhã faz você rever mentalmente as respostas durante o dia inteiro.

   Se você estiver atento ao seu corpo, a expectativa costuma vir acompanhada de:

   - leve agitação ou vontade de conferir horários/checklists;
   - batimentos um pouco acelerados ("frio na barriga");
   - pequenos surtos de foco repetitivo no assunto;
   - tensão discreta em mãos ou ombros.

   Em excesso... vira ansiedade, atrapalha o sono e pode provocar frustração se o resultado real não alcançar o imaginado.

2. **Ódio:** rejeição intensa e persistente, quase sempre acompanhada de desejo de afastar, punir ou destruir o alvo percebido como ameaça. É emoção corrosiva: consome energia, contamina outras áreas da vida e reduz a empatia. Por exemplo: um comentário preconceituoso nas redes aciona repulsa imediata e vontade de "partir pra cima" de quem escreveu.

   Se você estiver atento ao seu corpo, o ódio costuma vir acompanhado de:

- calor súbito no rosto ou pescoço;
- mandíbula cerrada, dentes rangendo;
- mãos em punho, ombros erguidos;
- respiração curta e ruidosa;
- pensamentos rápidos focados em atacar ou punir.

Em excesso... aumenta a impulsividade, eleva a pressão arterial de forma crônica e pode levar a agressões verbais/físicas.

3. **Amor:** sentimento expansivo de conexão, cuidado e pertencimento que "abre" o corpo para compartilhar tempo, atenção ou recursos. Por exemplo: abraçar um amigo com quem você não se encontrava havia anos e sentir um calor que parece ocupar todo o peito.

Se você estiver atento ao seu corpo, o amor costuma vir acompanhado de:

- sensação de expansão torácica, respiração lenta;
- sorriso espontâneo, músculos faciais relaxados;
- liberação de ocitocina (bem-estar, confiança).

Em excesso... pode virar apego possessivo ou idealização que cega para defeitos reais.

4. **Confusão:** é incerteza cognitiva; você percebe que faltam dados ou há informações contraditórias, então a mente "trava". Por exemplo: o professor muda a regra do trabalho 24 horas antes da entrega e ninguém sabe qual versão seguir.

Se você estiver atento ao seu corpo, a confusão costuma vir acompanhada de:

- testa franzida e olhar vago procurando pistas;
- tensão no pescoço/trapézio;
- respiração irregular e suspiros curtos.

Em excesso... provoca paralisia decisória, procrastinação e estresse prolongado.

5. **Satisfação:** plenitude tranquila depois de uma necessidade atendida; sinaliza ao cérebro que "está bom assim". Por exemplo: finalizar aquela faxina pesada e, tomando café, apreciar a casa cheirosa.

   Se você estiver atento ao seu corpo, a satisfação costuma vir acompanhada de:

   - expiração longa e relaxada ("ufa!");
   - ombros baixam e o corpo solta a tensão;
   - sorriso miúdo e olhar suave.

   Em excesso... vira acomodação e perda de motivação para novos objetivos.

6. **Realização:** versão intensificada da satisfação, com orgulho legítimo de superação pessoal. Por exemplo: receber o diploma de graduação após anos de esforço.

   Se você estiver atento ao seu corpo, a realização costuma vir acompanhada de:

   - peito projetado, queixo erguido;
   - possível arrepio ou lágrimas de alegria;
   - descarga de dopamina (energia para celebrar).

   Em excesso... se aproxima de arrogância e dificuldade de ouvir feedback.

7. **Decepção:** queda brusca de expectativa positiva; mistura de tristeza com frustração. Por exemplo: contar que seria promovido e descobrir que a vaga acabou indo para outra pessoa.

Se você estiver atento ao seu corpo, a decepção costuma vir acompanhada de:

- ombros murchos, olhar para baixo;
- sensação de vazio no estômago;
- perda momentânea de energia.

Em excesso... alimenta cinismo e desconfiança generalizada.

8. **Desamparo:** percepção de completa falta de controle sobre algo importante. Por exemplo: acompanhar um familiar na UTI sem poder interferir no tratamento.

Se você estiver atento ao seu corpo, o desamparo costuma vir acompanhado de:

- músculos flácidos e postura curvada;
- olhar distante e pupilas menos reativas;
- respiração curta e baixa energia.

Em excesso... leva a desistência precoce e risco de depressão.

9. **Ansiedade:** alerta antecipatório sobre possíveis ameaças; o corpo se prepara para agir mesmo sem perigo concreto. Por exemplo: aguardar o resultado de um exame médico importante.

Se você estiver atento ao seu corpo, a ansiedade costuma vir acompanhada de:

- taquicardia e sudorese fria;

- respiração rápida e superficial;
- tensão mandibular e roer de unhas.

Em excesso... causa insônia, dificuldade de concentração e possível ataque de pânico.

10. **Aceitação:** reconhecimento sereno da realidade presente, sem resistência emocional. Por exemplo: depois de um voo ser cancelado, você reorganiza a agenda em vez de reclamar o dia inteiro.

    Se você estiver atento ao seu corpo, a aceitação costuma vir acompanhada de:

    - expiração profunda seguida de postura neutra;
    - relaxamento de testa e maxilar;
    - movimentos lentos e conscientes.

    Em excesso... pode virar resignação passiva (falta de ação quando ela se faz necessária).

11. **Irritação:** incômodo leve a moderado provocado por pequenos bloqueios ou ruídos. Por exemplo: notificação insistente de celular enquanto você tenta terminar um relatório.

    Se você estiver atento ao seu corpo, a irritação costuma vir acompanhada de:

    - microtensão nos ombros e na testa;
    - suspiros frequentes, movimentos bruscos;
    - respiração curta e forçada.

    Em excesso... vira raiva explosiva e prejudica relacionamentos cotidianos.

12. **Mágoa:** dor afetiva resultante de algo percebido como injusto ou desrespeitoso; mistura de tristeza com ressentimento. Por exemplo: um amigo esqueceu seu aniversário sabendo da importância dessa data para você.

Se você estiver atento ao seu corpo, a mágoa costuma vir acompanhada de:

- aperto no peito ou garganta;
- postura fechada e braços cruzados;
- olhar evitativo ou lacrimejante.

Em excesso... cristaliza rancor e distancia vínculos valiosos.

13. **Insegurança:** sensação de não ser capaz/suficiente diante de uma tarefa ou de um grupo. Por exemplo: entrar em reunião cheia de especialistas e sentir que "vão descobrir que sou uma fraude".

Se você estiver atento ao seu corpo, a insegurança costuma vir acompanhada de:

- encolhimento dos ombros e voz trêmula;
- mãos frias e suadas;
- olhar que procura aprovação constante.

Em excesso... trava iniciativas, restringe a carreira e estimula autossabotagem.

14. **Confiança:** certeza interna de capacidade própria ou alheia; relaxa sistemas de defesa e facilita cooperação. Por exemplo: delegar uma tarefa sem microgerenciamento porque acredita na equipe.

Se você estiver atento ao seu corpo, a confiança costuma vir acompanhada de:

- postura ereta e movimentos seguros;
- respiração profunda e estável;
- contato visual constante.

Em excesso... vira excesso de autoconfiança, subestima riscos e provoca erros evitáveis.

15. **Gratidão:** reconhecimento e apreciação genuína por algo recebido (tempo, gesto, recurso). Por exemplo: receber ajuda espontânea em dia caótico e sentir vontade de retribuir.

Se você estiver atento ao seu corpo, a gratidão costuma vir acompanhada de:

- peito aquecido e sorriso suave;
- vontade de dizer "obrigado" ou abraçar;
- liberação de serotonina (sensação de contentamento).

Em excesso... pode provocar culpa por não conseguir retribuir na mesma medida.

16. **Frustração:** bloqueio de meta imediata; energia de ação que não encontra saída. Por exemplo: o computador trava antes de salvar o arquivo.

Se você estiver atento ao seu corpo, a frustração costuma vir acompanhada de:

- suspiro forte e aperto de lábios;
- tensão nas mãos (bater na mesa);

- aumento de temperatura corporal.

Em excesso... evolui para agressividade ou desistência repetida.

17. **Alívio:** relaxamento súbito após fim de ameaça ou tensão. Por exemplo: achar as chaves depois de procurar por meia hora.

Se você estiver atento ao seu corpo, o alívio costuma vir acompanhado de:

- expiração longa e sonora;
- ombros descem 1 a 2 cm;
- sensação de leveza nos membros.

Em excesso... pode provocar queda brusca de energia e procrastinação subsequente.

18. **Calma:** estado basal de equilíbrio fisiológico – baixa excitação e alta clareza. Por exemplo: sentar na varanda ouvindo a chuva sem pressa de fazer nada.

Se você estiver atento ao seu corpo, a calma costuma vir acompanhada de:

- respiração diafragmática profunda;
- batimentos cardíacos estáveis;
- músculos faciais suaves.

Em excesso... pode levar à estagnação se virar apatia.

19. **Orgulho:** satisfação por mérito próprio reconhecido, a autoestima e o status diante do grupo aumentam. Por exemplo: ouvir seu nome citado em público por um projeto bem-sucedido.

Se você estiver atento ao seu corpo, o orgulho costuma vir acompanhado de:

- expansão do peitoral e cabeça erguida;
- sorriso contido e olhar direto;
- sensação de "crescer" alguns centímetros.

Em excesso... se transforma em soberba, afasta aliados e é um convite a críticas.

20. **Felicidade:** estado abrangente de bem-estar que combina alegria, prazer e significado. Por exemplo: passar uma tarde simples rindo com bons amigos.

    Se você estiver atento ao seu corpo, a felicidade costuma vir acompanhada de:

    - riso fácil e gesticulação ampla;
    - liberação de endorfina (leve euforia);
    - corpo leve, movimentos fluidos.

    Em excesso... pode culminar em mania (perda do senso de risco).

21. **Segurança:** sensação de que ameaças estão afastadas e recursos estão disponíveis. Por exemplo: voltar para casa e trancar a porta após um dia turbulento.

    Se você estiver atento ao seu corpo, a segurança costuma vir acompanhada de:

    - respiração regular e coração em ritmo basal;
    - músculos soltos e postura neutra;
    - sensação de "pés no chão".

Em excesso... favorece a zona de conforto e reduz a inovação.

22. **Entusiasmo:** alegre energia voltada para começar algo; "combustível de início". Por exemplo: planejar a viagem dos sonhos e pesquisar roteiros até tarde da noite.

    Se você estiver atento ao seu corpo, o entusiasmo costuma vir acompanhado de:

    - olhos brilhantes e fala acelerada;
    - gestos largos e andar rápido;
    - aumento de adrenalina leve.

    Em excesso... leva a um excesso de comprometimento (*overcommitment*) e esgotamento futuro.

23. **Surpresa:** sobressalto breve a algo inesperado, que pode virar alegria, medo ou nojo. Por exemplo: um colega de trabalho surge com um bolo de aniversário no escritório sem avisar.

    Se você estiver atento ao seu corpo, a surpresa costuma vir acompanhada de:

    - sensação de alarme e olhos arregalados;
    - inspiração curta e intensa;
    - pausa muscular seguida de riso ou recuo.

    Em excesso... se repetitiva, cria hipervigilância.

24. **Aversão:** reação de repulsa a algo considerado ofensivo ou contaminante. Por exemplo: abrir um pote de comida estragada e recuar diante dele imediatamente.

Se você estiver atento ao seu corpo, a aversão costuma vir acompanhada de:

- contração de lábios e nariz;
- recuo automático do tronco;
- náusea leve e salivação alterada.

Em excesso... provoca intolerância e preconceito.

25. **Ciúme:** medo de perder algo que valoriza (parceiro, posição, objeto) para um terceiro. Por exemplo: notar colega de trabalho recebendo elogios do chefe e sentir que seu espaço está ameaçado.

Se você estiver atento ao seu corpo, o ciúme costuma vir acompanhado de:

- aperto no estômago e calor no rosto;
- ruminância mental sobre "o que ele(a) tem que eu não?";
- vigilância aumentada (checar redes sociais etc.).

Em excesso... leva a comportamentos controladores e ansiedade crônica.

26. **Culpa:** peso moral por avaliar que feriu uma regra pessoal ou coletiva. Por exemplo: se esquecer de ligar para um amigo em um dia difícil.

Se você estiver atento ao seu corpo, a culpa costuma vir acompanhada de:

- pequeno "nó" no peito e olhar baixo;
- respiração presa e suspiros;
- tensão abdominal leve.

Em excesso... torna-se autopunição e autossabotagem.

27. **Solidão:** percepção de desconexão social independentemente de quantas pessoas estejam por perto. Por exemplo: mudar de cidade e não ter com quem dividir as primeiras conquistas.

Se você estiver atento ao seu corpo, a solidão costuma vir acompanhada de:

- sensação de peso no peito;
- energia reduzida e movimentos lentos;
- busca compulsiva por redes sociais sem saciedade.

Em excesso... aumenta o risco de depressão e problemas cardiovasculares.

28. **Tédio:** falta de estímulo significativo; combina leve irritação e baixa motivação. Por exemplo: esperar atendimento em fila sem estar com o celular ou um livro.

Se você estiver atento ao seu corpo, o tédio costuma vir acompanhado de:

- bocejos frequentes e olhar perdido;
- inquietação motora (batucar de dedos);
- postura desleixada.

Em excesso... promove busca de gratificação imediata (vício em telas, comida, compras).

29. **Inveja:** desejo de ter algo que o outro tem, somado à sensação de inferioridade comparativa. Por exemplo: notar um amigo que está comprando um apartamento enquanto você ainda paga aluguel.

Se você estiver atento ao seu corpo, a inveja costuma vir acompanhada de:

- aperto no peito e olhar de canto;
- comentários depreciativos internos;
- pequena contração dos lábios (sorriso amarelo).

Em excesso... corrói a autoestima e prejudica os relacionamentos.

30. **Saudade:** falta afetiva de pessoa, lugar ou tempo que foi significativo. Por exemplo: ouvir uma música que tocava na faculdade e sentir "um vazio doce".

    Se você estiver atento ao seu corpo, a saudade costuma vir acompanhada de:

    - aperto suave no peito ou na garganta;
    - suspiro longo e nostálgico;
    - sorriso triste acompanhado de olhos úmidos.

    Em excesso... aprisiona no passado e impede a apreciação do presente.

31. **Vergonha:** medo de julgamento negativo que ameaça identidade ou pertencimento. Por exemplo: errar uma palavra em público e sentir o rosto queimar.

    Se você estiver atento ao seu corpo, a vergonha costuma vir acompanhada de:

    - rubor facial e olhar para baixo;
    - contração abdominal e vontade de sumir;
    - sudorese nas mãos.

    Em excesso... provoca retraimento social e autocrítica severa.

32. **Timidez:** tensão social antecipatória focada em desempenho diante de desconhecidos. Por exemplo: apresentar-se numa sala cheia de gente nova e gaguejar.

Se você estiver atento ao seu corpo, a timidez costuma vir acompanhada de:

- mãos frias e coração acelerado;
- voz mais baixa e evitação de contato visual;
- microtremores nas mãos ou nos joelhos.

Em excesso... restringe *networking* e oportunidades pessoais/profissionais.

33. **Incompreensão:** sensação de não ser ouvido/entendido; mistura frustração e tristeza. Por exemplo: explicar uma ideia numa reunião e ver que ninguém captou o ponto que tentava demonstrar.

Se você estiver atento ao seu corpo, a incompreensão costuma vir acompanhada de:

- suspiro e olhos revirando para cima;
- leve pressão nas têmporas;
- postura defensiva (braços cruzados).

Em excesso... leva ao isolamento ou a uma postura de vítima.

34. **Tensão:** ativação geral do sistema nervoso em preparação a um desafio iminente. Por exemplo: aguardar o resultado de uma entrevista de emprego.

Se você estiver atento ao seu corpo, a tensão costuma vir acompanhada de:

- músculos rígidos, especialmente do pescoço e da lombar;
- respiração alta e curta;
- ranger de dentes involuntário.

Em excesso... causa dores crônicas e queda de imunidade.

35. **Euforia:** excitação extrema, sensação de poder e otimismo ilimitados; "pico" de dopamina e adrenalina. Por exemplo: ganhar na loteria ou ouvir uma notícia profissional incrível.

Se você estiver atento ao seu corpo, a euforia costuma vir acompanhada de:

- coração disparado e fala atropelada;
- gestos amplos, riso fácil e pupilas dilatadas;
- redução de percepção de riscos.

Em excesso... pode levar a decisões imprudentes, gastos excessivos ou episódios maníacos.

Tenha calma no corpo

6

O Universo pode ser explicado sob várias óticas e continua sendo o mesmo Universo.

– DeRose[14] –

14 DEROSE. *Corpos do homem e planos do universo.* São Paulo: Nobel/Editora Uni-Yôga, 2003. p. 26.

4

FILOSOFIA DO YOGA COMO ALIADA EM NOSSO AUTOCONTROLE EMOCIONAL

Nossas emoções não ficam apenas na mente – elas afetam o corpo de modo direto e, consequentemente, nossa fala. Você já deve ter notado que, quando está nervoso, seus ombros ficam mais tensos. Ou já deve ter sentido aquela sensação de peso na garganta quando não consegue se expressar. Isso acontece porque emoções mal reguladas desencadeiam respostas físicas. Quando sentimos medo ou raiva, por exemplo, o corpo libera hormônios como o cortisol e a adrenalina. Esse estado de alerta constante pode levar ao acúmulo de tensão muscular, ao aumento da pressão arterial e até a problemas digestivos.

Mesmo eu, que estava atento à maneira como me comunicava, tinha minhas questões físicas quando sentia alguma emoção intensa. Como eu disse no início deste livro, um dos meus objetos de estudo ao longo da vida foi a filosofia hindu com foco em yoga. Mais do que uma prática física, o yoga é um modo de viver que nos guia em direção ao autoconhecimento e à expansão da consciência. E, por isso, neste capítulo abordarei alguns dos seus princípios, na intenção de apresentar algo que pode te ajudar a dominar de modo mais prático suas emoções, assim como também tem me permitido ao longo da vida.

Talvez você possa se perguntar: "Tá, Mário, mas como você chegou à filosofia hindu? E o que ela tem a ver com autocontrole emocional?". Já adianto (e isso nem deve estar passando pela sua cabeça agora): essa filosofia não era o que eu esperava quando comecei a estudá-la. No brilhante ano de 2012, ingressei na faculdade de Comunicação e queria mexer o corpo de alguma maneira. Mesmo naquela época, academias nunca me chamaram a atenção e eu só queria ser mais flexível. Já tinha ouvido falar de yoga por meio de amigos e um dia resolvi ir a uma aula. Foi quando conheci o DeROSE Method, uma metodologia que guarda um espaço especial no meu coração. Fundada pelo Professor DeRose na década de 1960, ela foca o desenvolvimento pessoal por meio de técnicas que aprimoram o corpo, a mente e as emoções. Está presente em vários lugares do mundo e é um programa completo de reeducação comportamental para aumentar a vitalidade, administrar o estresse e ganhar foco. Para alcançar isso, o DeROSE Method utiliza uma urdidura entre conceitos e técnicas e sua aplicação promove um incremento de produtividade e alto desempenho.[15]

---

15 Entre os conceitos, estão qualidade de vida, boas relações humanas, boa forma, boa alimentação, boa cultura, boas maneiras, bom ambiente e bons ideais. Para alicerçar o aprendizado da reeducação comportamental, a metodologia conta com técnicas para reeducação respiratória, tônus muscular, flexibilidade, mindfulness e meditação, *mindset* e muitas outras. Para saber mais: DINO. Metodologia DeROSE Method completa 59 anos ensinando mindfulness. *Terra*, 21 jun. 2019. Disponível em: https://www.terra.com.br/noticias/dino/metodologia-derose-method-completa-59-anos-ensinando-mindfulness,198d45c109cecd66460b95c515c16340oxsknwm5.html?utm_source=clipboard. Acesso em: 2 maio 2025.

Estudei por muitos anos esse método e até hoje sinto os impactos positivos na minha prática diária.

Com o passar dos anos, consegui entender que a comunicação nos traz muito para o mundo exterior: entender o outro, falar e ouvir. Já a filosofia hindu te faz focar em si, olhar para dentro, ficar em silêncio e refletir. O objetivo é elevar a consciência, saindo do estado mais denso e aproximando-nos de uma compreensão maior de nós mesmos e do Universo.

Não adianta criar conexões externas se isso te desconecta de si mesmo, e, como eu tinha facilidade (até demais) em focar o exterior, percebi que queria uma forma de "voltar para a Terra" quando fosse necessário. O yoga funcionou como um fio de Ariadne para mim: quando estivesse muito perdido no labirinto do Minotauro que é a nossa vida, era só seguir o fio de volta para a saída.[16]

E essas "caminhadas" internas me trouxeram insights sobre mim e meus comportamentos que me ajudaram muito a moldar e entender quem sou.

É importante mencionar que o yoga tem diversas linhas, cada uma com suas próprias características e formas de ensinar. Convém lembrar que yoga não é um pacote fechado: ao longo de mais de cinco mil anos, surgiram muitos ramos e variações moldadas por

---

16 Para quem não está com a mitologia grega fresca na cabeça, o "fio de Ariadne" se origina da história de Ariadne, filha do rei Minos, que se apaixona pelo herói Teseu. Antes de ele entrar no labirinto para enfrentar o terrível Minotauro, Ariadne lhe entrega um novelo de linha. A ideia é simples – mas genial: Teseu amarra a ponta na entrada, desenrola o fio enquanto avança, derrota o monstro e depois segue o mesmo caminho de volta, guiado pelo percurso que ele próprio marcou. Esse fio virou metáfora de clareza em meio ao caos: uma referência prática que ajuda a encontrar a saída quando tudo parece um emaranhado sem fim.

mestres e períodos históricos distintos. Nas origens indianas – como detalha o *Tratado de Yôga*, do Prof. DeRose –, o sistema já se apresentava completo, reunindo *āsanas* (posturas), *prāṇāyāma* (respiratórios) e *mudrā* (gestos reflexológicos das mãos). Entre as primeiras sequências corporais documentadas, está o *Surya Namaskāra* ("Saudação ao Sol"), preservada até hoje em diversas linhas de yoga. Ao longo dos séculos, embora essas técnicas tenham sido refinadas, mantiveram o propósito central de integrar corpo-energia-consciência. Na era atual, diferentes linhagens reconhecem alguns textos como pilares do estudo filosófico; o principal é o *Yôga Sūtra de Patañjali*, que sistematiza princípios éticos, psíquicos e meditativos e continua servindo de referência, qualquer que seja a escola eleita.

Algumas nomenclaturas e abordagens podem variar, mas, neste capítulo, falarei principalmente sobre o SwáSthya Yôga, a linha que sigo e que integra práticas físicas e mentais para o desenvolvimento integral do ser.

O SwáSthya Yôga é a sistematização do yoga antigo (*Dakshinacharatántrika-Niríshwarasámkhya Yôga*), feita pelo Mestre DeRose. Quando digo que fiquei imerso nessa filosofia, me refiro à proposta de retirar da minha rotina qualquer substância que alterasse meu estado natural de consciência, como álcool, drogas e até mesmo carnes (sim, você leu certo). Lembre-se: estamos falando do hinduísmo, uma filosofia espiritual amplamente difundida na Índia – país no qual nasceu o yoga –, onde o não consumo de carne é, sim, encorajado.

Adotei esse estilo de vida no auge dos meus 19 anos. Então imagine: um jovem recém-admitido na faculdade, que decide não recorrer aos gatilhos comuns como "tô cansado, vou abrir um vinho pra relaxar um pouco". Eu estava o tempo todo atento às minhas emoções e reações, já que não utilizaria nenhum artifício para "amenizar" as situações – exatamente como faziam os antigos mestres.

Vou também fazer uso de algumas referências de outras linhas, como o Vedānta, para tornar a explicação mais didática e acessível. O Vedānta é uma das filosofias mais antigas da Índia, super-respeitada e muito ampla, que se baseia nos Vêdas, os textos sagrados mais antigos da tradição indiana. O nome "Vedānta" significa literalmente "fim dos Vêdas"; não no sentido de encerramento, mas de conclusão, de sabedoria final. Ele traz reflexões profundas sobre quem somos, o que é a mente, o que é o ego e como encontrar paz interior.

Apesar de ser uma filosofia superantiga, ela fala de coisas muito atuais: como lidar com pensamentos acelerados, como silenciar o ego e como buscar equilíbrio entre o que sentimos e o que pensamos. É tipo um manual para entender a si mesmo, mas sem fórmulas prontas, somente com boas perguntas.

Dentro da filosofia do yoga, aprendemos que o ser humano é muito mais do que apenas alguém que pensa e sente. Somos compostos por diferentes níveis de consciência, também chamados de "corpos" ou "veículos de atuação", cada um com as próprias funções e níveis de sutileza, mas todos passando pelo físico e mental.

O nível mais básico de existência é representado por uma rocha. O mineral está limitado a uma forma de existência, já que não tem consciência, não se move e não reage ao ambiente. O próximo nível é o de uma planta. Embora também não se mova (não como humanos), ela já tem uma forma mais avançada de consciência, porque faz fotossíntese, cresce, se reproduz e reage ao ambiente. Subindo mais um nível, chegamos ao corpo emocional, dos animais e de humanos, que permite não apenas a existência física, mas também a experiência sensorial e emocional. Nós, humanos, temos algo a mais: uma mente racional e pensante. Por ser capaz de analisar, criar, imaginar e compartilhar conhecimento com as gerações futuras, o ser humano molda a maneira como vive e interage com o mundo.

Esses diferentes níveis de consciência nos mostram que, embora todos os seres vivos existam no mesmo universo, cada um absorve a realidade de uma forma única e progressiva. É assim que noto que a empatia está presente nessas relações e também molda a prática do yoga, já que são os limites e momentos pessoais que precisam ser respeitados para que você consiga se relacionar com cada nível e consigo mesmo de uma maneira respeitosa e equilibrada.

Para explicar um pouco, gosto de lembrar como é cuidar de um carro. Veja só: para que o automóvel funcione bem, você precisa prestar atenção em vários detalhes. É importante mantê-lo polido, fazer limpezas regulares, usar combustível de qualidade e trocar o óleo na hora certa. Se você cuida disso tudo, o carro roda como uma maravilha por muito tempo. Mas é só negligenciar uma coisinha que os problemas começam a aparecer. Nosso corpo funciona de forma muito parecida. Ao consumirmos alimentos cheios de aditivos químicos ou ignorarmos a importância do movimento, ele também começa a "enferrujar". Dores, cansaço e uma saúde mais frágil são os sinais de alerta que o corpo envia para dizer que algo não está bem. O mesmo princípio se aplica para além do físico. Ao darmos pouca atenção às emoções ou ao ignorarmos os sentimentos, as questões mentais têm um jeito curioso de se manifestar: somatizando.

Você já deve conhecer esse processo em que emoções e estresse não resolvidos com o tempo surgem no corpo. Pense em sintomas como dores de cabeça, problemas gastrointestinais, fadiga crônica ou dores nas costas. Esses sinais muitas vezes carregam um recado importante: há algo emocional ou psicológico pedindo atenção. Apesar disso, não é sempre que as pessoas identificam que a somatização é a raiz do problema, alguns chegando a dizer que é algo "da cabeça" ou imaginário.[17] Mas os sintomas e problemas são bem reais.

A somatização costuma estar ligada a questões como ansiedade, depressão, traumas ou estresse intenso. Quando não conseguimos processar adequadamente essas experiências, é como se o cérebro enviasse uma mensagem de preocupação geral e o corpo assume o papel de receptor, já que quem (eu, você) poderia resolver está ocupado com outra coisa. Por exemplo, imagine que existam rumores na empresa em que você trabalha de que haverá uma demissão no seu setor e o critério será produtividade. Enquanto você se desdobra entre atualizar o currículo, manter seu desempenho e ainda cuidar de outros problemas da vida, seu corpo vai tentando equilibrar tudo até que não consiga mais. E, mesmo saudável, algumas questões acabam se acumulando.

E aqui vai um ponto essencial: o desconforto físico é **real**. O que muda é que a raiz do problema não está no corpo, mas sim nas

17 MARCHIORI, Brenda. Na somatização o paciente não consegue diferenciar os sintomas físicos de origem psíquica de doença orgânica. *Jornal da USP*, 19 maio 2021. Disponível em: https://jornal.usp.br/campus-ribeirao-preto/na-somatizacao-o-paciente-nao-consegue-diferenciar-os-sintomas-fisicos-de-doenca-organica-da-condicao-psiquica/. Acesso em: 2 maio 2025.

emoções e nos pensamentos. Para tratar a somatização, é preciso olhar para além dos sintomas físicos. Se você sente que as emoções estão te sobrecarregando, considere a terapia. Pode parecer lugar-comum dizer isso (todo mundo precisa de terapia?!), mas trata-se de uma ferramenta poderosa para explorar emoções, identificar gatilhos e aprender novas formas de reagir a situações paralisantes, que muitas vezes bloqueiam nossa inteligência emocional. Linhas terapêuticas como a cognitivo-comportamental, a psicodinâmica ou outras formas de apoio psicológico podem ajudar a resolver as causas emocionais por trás dos sinais que o corpo está enviando.

Se você acha que pode estar somatizando, não ignore isso. Buscar ajuda de um médico ou psicoterapeuta é fundamental para cuidar tanto do corpo quanto da mente, pois vai te ajudar a decifrar o que está acontecendo por dentro e a encontrar estratégias para lidar com isso de modo eficaz. Lembre-se de que não existe apenas um caminho para expressarmos emoções; cada ser humano tem seu jeito e tempo para expressar o que sente. O autoconhecimento é a chave.

CADA SER HUMANO
TEM SEU JEITO E TEMPO
PARA EXPRESSAR
O QUE SENTE. O
AUTOCONHECIMENTO
É A CHAVE.

5

RESPIRAÇÃO CONSCIENTE: SUA ALIADA NAS EMOÇÕES INTENSAS

O sistema respiratório é uma daquelas coisas que aprendemos na escola e em que nunca mais pensamos depois. Afinal, respirar é algo natural e temos mais o que fazer do que ficar analisando o ritmo com que respiramos, certo? Errado! A respiração carrega um poder imenso. Mais do que uma função automática do corpo, é uma ferramenta importante para controlar emoções, estados de consciência e até a maneira como enfrentamos os desafios.

A respiração muda muito ao longo do dia e, dependendo do que você está sentindo, muda muito mais. O corpo responde rapidamente a emoções, por exemplo, quando estamos ansiosos ou estressados, como em uma apresentação importante, nossa respiração fica curta e superficial – aquele tipo que parece presa no peito, como se estivéssemos tentando "pegar fôlego". Esse padrão acontece porque o corpo, ao detectar a tensão, aumenta o ritmo da respiração para garantir mais oxigênio ao cérebro e aos músculos – uma preparação para enfrentar o que vem pela frente, o famoso "lutar ou fugir". Já quando estamos seguros e tranquilos, nossa respiração é profunda e regular, vindo mais da região abdominal. Se você já assistiu a uma palestra de alguém experiente, como a do professor Leandro Karnal, deve ter notado como a respiração dele é estável, e a voz, clara. Isso reflete não apenas o domínio sobre o tema, mas também o controle emocional.

A respiração funciona como um termômetro das emoções. Aqui está o segredo: a relação entre respiração e emoções não é de mão única. Ao ajustar conscientemente a forma como respiramos, podemos influenciar nosso estado emocional. Por exemplo, quando respiramos fundo e de maneira controlada, acionamos o sistema nervoso parassimpático, responsável por trazer calma e relaxamento. Esse sistema funciona como o "freio" do corpo, reduzindo os hormônios do estresse, como cortisol e adrenalina, e nos enviando um recado tranquilizador: "Está tudo bem, você está seguro".

Essa simples mudança na respiração tem o poder de transformar completamente como nos sentimos. Em momentos de estresse, ela pode trazer alívio imediato. E, em situações mais desafiadoras, nos ajudar a alcançar clareza mental e equilíbrio emocional. Repito: respirar com consciência é mais do que uma técnica, é um ato de autocuidado. Ao longo deste capítulo, vamos explorar maneiras práticas de usar a respiração a seu favor. Desde acalmar a mente até lidar com situações difíceis do dia a dia, você vai descobrir como algo tão básico pode ser seu maior aliado para viver de forma mais tranquila, equilibrada e consciente.

AO AJUSTAR CONSCIENTEMENTE A FORMA COMO RESPIRAMOS, PODEMOS INFLUENCIAR NOSSO **ESTADO EMOCIONAL**.

Inspire, expire, repita

Vamos fazer uma breve recapitulação do sistema respiratório. Sua principal função consiste na troca gasosa do corpo, o que acontece pela porção condutora (em geral, cavidades nasais, faringe, laringe, traqueia, brônquios e bronquíolos) e pela porção respiratória (bronquíolos respiratórios, ductos e sacos alveolares e alvéolos), onde ocorre a troca gasosa entre o ar e o sangue, permitindo a oxigenação do organismo.[18] Além disso, a respiração é muito mais do que uma função essencial à vida; quando praticada com propósito, ela tem quatro fases distintas capazes de transformar nossos estados de consciência e promover equilíbrio mental e físico. Cada fase tem um papel único no corpo e na mente, e compreender como elas funcionam nos ajuda a tirar o máximo proveito dessa poderosa ferramenta.

A **inspiração** é a primeira fase: o ato de trazer o ar carregado de oxigênio para dentro do corpo. Idealmente, ela deve ser contínua, lenta e uniforme, salvo em algumas práticas específicas. Pense na inspiração como um momento de receptividade: ao inspirar, abrimos as portas para novas informações, sensações e experiências. É como se estivéssemos "respirando o momento presente". Essa fase ajuda a trazer clareza mental, energia renovada e maior foco.

A segunda fase é a **retenção de ar**: o momento em que seguramos o oxigênio nos pulmões por alguns segundos. Trata-se de

18 UNIVERSIDADE FEDERAL DE ALFENAS. Sistema respiratório. Histologia Interativa – Unifal, [s. d.]. Disponível em: https://www.unifal-mg.edu.br/histologiainterativa/sistema-respiratorio/. Acesso em: 2 maio 2025.

uma fase crucial, porque é nela que o corpo absorve o elemento e o distribui pelas células e pelos órgãos. A retenção está diretamente ligada à sensação de controle interno, porque promove a concentração e a estabilidade interna. Para prolongá-la sem desconforto, evite encher os pulmões até sua capacidade máxima – pare por volta de 90 a 95% –, pois isso reduz a tensão e permite que você sustente a retenção por mais tempo. Se estiver se sentindo sem energia, prolongar essa etapa pode ajudar a revitalizar corpo e mente.

A terceira fase é a **expiração**, o ato de liberar o ar dos pulmões, que deve ser feita devagar, de forma controlada e silenciosa, preferencialmente pelas narinas. Mais do que apenas soltar o ar, a expiração é um ato de entrega. É o momento de deixar ir não apenas o oxigênio, mas também tensões, preocupações e estresse acumulado. Quando feita com propósito, estimula um profundo relaxamento físico e mental. Ela nos ensina a soltar o controle, a desacelerar o corpo e a encontrar estados de calma e serenidade.

Por fim, temos a **retenção sem ar**: o momento em que mantemos os pulmões quase vazios, liberando o máximo de ar possível, criando uma sensação de vazio. Durante a retenção sem ar, o corpo experimenta um estado de quietude, reduzindo estímulos externos e promovendo um foco mais profundo nos pensamentos que realmente importam. Essa pausa mental é ideal para momentos de reflexão ou meditação profunda. Porém, é essencial praticá-la com cuidado, evitando retenções prolongadas, especialmente para quem tem condições respiratórias ou cardíacas. O equilíbrio é fundamental para obter os benefícios sem desconforto.

Cada uma dessas fases desempenha um papel essencial no equilíbrio entre corpo e mente. Ao praticá-las de forma consciente, você pode acessar diferentes estados de consciência, promovendo mais clareza, calma e vitalidade. Incorporar essas fases no dia a dia trará uma melhora significativa no controle emocional e no bem-estar geral. Agora vamos combinar esse conhecimento teórico com a prática. A seguir, passarei sugestões de exercícios com o objetivo de te ajudar a perceber cada região do corpo de forma independente, desenvolvendo maior controle e consciência da sua respiração. Vamos respirar!

Respiração torácica (também chamada de alta ou clavicular)

Esse tipo de respiração ocorre na parte superior dos pulmões e corresponde a aproximadamente 10% da capacidade total desse órgão. É a forma mais comum de respirar e, frequentemente, a única utilizada em momentos de estresse ou cansaço, quando a respiração se torna mais superficial e rápida. Embora não forneça grandes volumes de ar, ainda é importante. Quando treinada adequadamente, a respiração torácica ajuda a maximizar o uso da capacidade pulmonar em situações de alta demanda, como exercícios vigorosos, já que ajuda completar o ciclo respiratório.

RESPIRAR COM
CONSCIÊNCIA É
MAIS DO QUE UMA
TÉCNICA, É UM ATO
DE **AUTOCUIDADO**.

SUGESTÃO DE TREINAMENTO

Este exercício simples vai te ajudar a tomar consciência da respiração na região alta do tórax. Acomode-se em uma posição sentada, com as costas apoiadas, os ombros relaxados e pratique por alguns minutos, mantendo um ritmo calmo e constante. Ao final, observe como essa atenção direcionada faz você se sentir. Será que trouxe uma sensação de maior conexão e controle sobre o seu corpo? Ou você se sentiu inquieto demais? Reflita sobre sua prática.

Se quiser, pode anotar aqui como se sentiu:

....

....

....

....

....

....

....

....

....

Para essa prática, siga estes passos:

1. Coloque uma das mãos no alto do tórax, próximo à clavícula.
2. Inspire lenta e profundamente pelo nariz, percebendo o movimento de "sobe e desce" sob sua mão enquanto o ar preenche essa região.

3. Concentre-se em manter a respiração apenas nessa área. Se sentir o ar "descendo" para o abdômen, interrompa a inspiração suavemente e ajuste o foco para a região alta do tórax.
4. Faça essa respiração sem pressa, pois o intuito é acalmar; se perceber aceleração cardíaca ou sensação de euforia, interrompa-a e apenas respire fundo, contando 5 segundos para inspirar e 5 para expirar.

Respiração intercostal (ou média)

Essa respiração utiliza a região intermediária dos pulmões, envolvendo cerca de 30% da capacidade respiratória. Quando praticada, ela expande os músculos intercostais, localizados entre as costelas, o que permite uma maior mobilidade lateral do tórax e o fortalecimento dos músculos ao redor das costelas, proporcionando uma sensação de leveza e alívio nas tensões musculares. Apesar de menos natural para muitas pessoas por falta de consciência corporal, treinar essa respiração ajuda a aumentar a capacidade pulmonar e melhora a circulação de oxigênio no corpo quando feita em conjunto com a respiração baixa e alta. Ao dominar essa técnica, você conseguirá acessar uma área dos pulmões que geralmente não utilizamos plenamente, o que também melhora a postura e o conforto respiratório.

SUGESTÃO DE TREINAMENTO

Encontre um lugar tranquilo e acomode-se em uma posição sentada e confortável, de preferência em um ambiente tranquilo. Concentre-se no movimento lateral do seu tórax e no fluxo de ar. Mantenha o ritmo suave e constante. Ao final do exercício, veja como você se sente, observe se a sensação de leveza e alívio surge em seu plexo solar.[19]

Se quiser, pode anotar aqui como se sentiu:

....

....

....

....

....

Essa prática simples não apenas auxilia na respiração eficiente, mas também promove um estado de calma e conexão com o corpo. Siga os próximos passos para experimentar um exercício de respiração que conecta corpo e mente:

---

19 Plexo solar é o "centro de distribuição" de energia nervosa bem atrás do estômago, logo abaixo do diafragma. Ali se encontra um emaranhado de nervos chamado plexo solar (ou celíaco), responsável por encaminhar sinais do cérebro para vários órgãos da região abdominal – fígado, estômago, baço, intestinos. Na linguagem do yoga, ele se conecta ao *Manipúra chakra*, associado à autoconfiança e à digestão física e emocional. Por isso, quando ficamos ansiosos ou empolgados, sentimos aquele "friozinho na barriga": é o plexo solar respondendo ao turbilhão de hormônios e impulsos elétricos que passam por ele.

1. Coloque as palmas das mãos sobre as laterais do tronco, na altura das costelas. Posicione os dedos voltados para a frente, alinhados com o plexo solar.
2. Expire completamente, esvaziando os pulmões. Enquanto isso, aplique uma leve pressão nas costelas, aproximando as pontas dos dedos. Sinta o ar sair durante esse movimento.
3. Ao inspirar fundo pelo nariz, alivie a pressão das mãos, permitindo que as costelas se expandam lateralmente. Note como as pontas dos dedos se afastam conforme o tórax se expande.

Respiração abdominal (também conhecida como diafragmática ou baixa)

A respiração diafragmática, também conhecida como respiração abdominal, é a técnica que envolve a parte inferior dos pulmões e corresponde a cerca de 60% da nossa capacidade respiratória total. Ela se baseia em respirar profundamente utilizando o diafragma, o músculo que separa os pulmões dos órgãos abdominais. Ao inspirar, o diafragma se expande, permitindo uma maior entrada de ar, e, ao expirar, ele relaxa, facilitando a saída de ar. Essa respiração é adotada durante o sono e em estados de relaxamento, o que explica o motivo pelo qual ela está associada à calma e à sensação de bem-estar. Ao respirarmos profundamente usando o diafragma, ativamos o sistema nervoso parassimpático, responsável pela redução do estresse e do ritmo cardíaco. Além disso, é um tipo de respiração que melhora a oxigenação do cérebro, o que promove clareza mental e maior controle emocional.

SUGESTÃO DE TREINAMENTO

Esse exercício é mais do que uma simples prática de respiração; é uma oportunidade de criar consciência sobre o movimento do seu corpo. Ao treinar por alguns minutos, você começará a notar uma sensação de bem-estar e relaxamento tomando conta de você. Com o tempo, esse tipo de respiração abdominal não será apenas uma ferramenta para relaxar, mas também uma maneira de retomar o controle em momentos de tensão ou estresse. Pratique com frequência e vivencie os benefícios de uma mente mais tranquila e de um corpo mais conectado com sua respiração. O objetivo consiste em permitir que seus músculos relaxem por completo. Encontre um lugar tranquilo e acomode-se em uma posição confortável, de preferência deitado, e siga estes passos:

1. Coloque ambas as mãos sobre o abdômen, na altura do umbigo.
2. Inspire lenta e profundamente pelo nariz, sentindo a região abdominal se expandir – como se a barriga estivesse subindo.
3. Expire devagar também pelo nariz, observando a retração da barriga – ela vai "descer" naturalmente.

Respiração completa

A **respiração completa** é a combinação das três técnicas anteriores — diafragmática, intercostal e torácica - com o objetivo de utilizar 100% da capacidade dos pulmões. É uma junção poderosa que traz inúmeros benefícios, desde a sensação de relaxamento profundo até o aumento da energia e vitalidade. Com a prática, você notará uma melhora significativa no controle das emoções, na capacidade de concentração e no seu desempenho físico, por causa do aumento na circulação de oxigênio no corpo. Trata-se de uma técnica que pode ser aplicada tanto em momentos de relaxamento quanto em atividades que exigem foco e presença.

SUGESTÃO DE TREINAMENTO

Encontre uma posição sentada que seja confortável. Certifique-se de que sua coluna está ereta, os ombros relaxados e o corpo descontraído. Coloque uma das mãos sobre a região abdominal e a outra no alto do tórax. A lógica é simples: inspiramos de baixo para cima e esvaziamos de cima para baixo. Isso ajuda a manter a região de maior capacidade pulmonar cheia por mais tempo, garantindo uma ótima assimilação de oxigênio pelo organismo. Se você achar essa sequência confusa, aqui vai uma dica fácil de lembrar: pense em um copo de água. Ele se enche de baixo para cima e se esvazia de cima para baixo. Visualizar essa analogia torna o processo muito mais intuitivo.

Para incorporar essa técnica ao seu dia a dia, faça um ciclo de respiração completa sempre que se lembrar dela. Quando sentir que a prática está natural, você pode avançar para treinamentos mais elaborados, ajustando ritmos e intensidades. Com o tempo, esses exercícios de reeducação respiratória trarão resultados expressivos para seu bem-estar e controle emocional.

Agora, siga estes passos:

1. **Inspiração:**
   - Inspire profundamente pelo nariz, direcionando o ar para a região baixa do abdômen primeiro. Sinta o diafragma se expandindo, empurrando suavemente sua mão que está sobre a barriga;
   - De forma natural, o ar continuará subindo e preencherá a região intercostal (as costelas se afastarão levemente);
   - Por último, o ar alcançará a parte alta dos pulmões, fazendo o tórax se elevar aos poucos;
   - Esse movimento deve ser fluido, enchendo o pulmão de baixo para cima.

2. **Expiração:**
   - Agora, solte o ar, começando pela região alta do tórax;
   - Em seguida, deixe o ar sair da região intercostal, enquanto as costelas voltam à posição inicial;
   - Por último, permita que o diafragma "murche", esvaziando a região abdominal.

Para finalizar, vou responder à pergunta que eu mais ouço desde que comecei nesse ramo: "O correto é sempre respirar pelo nariz?". E a resposta não é única. Mas, para dar mais contexto, existem alguns motivos pelos quais na minha metodologia ensino os exercícios respiratórios usando as narinas, tanto para inspirar quanto para expirar:

- os seios paranasais – ou "seios da face", as cavidades ocas nos ossos do rosto, localizados em volta do nariz – têm funções importantes no nosso corpo, sendo uma delas a de umidificar o ar, ou seja, se você estiver em um ambiente muito frio ou muito quente, o ar será equilibrado e entrará na temperatura ideal para o corpo;
- outra função importante é contribuir para a produção de muco, protegendo nosso corpo de micropartículas no ar, além de se conectar diretamente com os pelos que existem nas entradas das narinas, que ajudam a filtrar o ar que adentra nosso organismo.

Então, voltando à questão inicial: não! Como disse, trata-se da forma que ensino na minha metodologia e que funciona para esse tipo de prática, mas, se você tentar utilizar essa respiração na natação, por exemplo, provavelmente "vai dar ruim". Para cada modalidade ou esporte, utilize as orientações de um profissional competente daquela área.

No dia a dia, incorporar essas práticas pode transformar a maneira como lidamos com o estresse. Imagine enfrentar uma reunião desafiadora ou uma conversa difícil. Ao controlar a respiração, você mantém a calma e responde de forma mais equilibrada e racional. Além disso, a respiração consciente melhora o foco, a clareza mental e até mesmo a resistência física.

Ao tornar essas técnicas parte da sua rotina, você não apenas regula suas emoções com mais facilidade, como também fortalece sua saúde mental e física. Com a prática, o que começa como um exercício consciente se torna um hábito natural, trazendo mais equilíbrio e bem-estar para sua vida.

Bons treinos e bons sonhos!

A **RESPIRAÇÃO CONSCIENTE** MELHORA O FOCO, A CLAREZA MENTAL E ATÉ MESMO A RESISTÊNCIA FÍSICA.

Tenha calma *a partir do* equilíbrio

6

Essa atividade mental sem foco significa que, na maioria dos casos, somos invadidos por uma infinidade de informações externas e desconectadas de nós mesmos, tornando-nos pensadores passivos, incapazes de guiar o nosso pensamento.

– Dra. Renata Coura, PhD[20] –

20 COURA, Renata. *Um outro olhar sobre a performance.* Paris: Edição do Autor, 2020.

6

MEDITANDO DE VERDADE

Sou professor de yoga há mais de dez anos e, quando menciono (ou mencionam) meditação e yoga em uma conversa, sempre escuto duas frases que vêm praticamente juntas: "Sei que tem vários benefícios essa coisa de meditação, né? Mas eu não consigo. Acho muito parado, não é pra mim". Acredito que muitas pessoas ainda não tenham tido a oportunidade de encontrar uma metodologia que funcione para si, mas o que me choca é ver que muitos não sabem para que serve a meditação, ou como mensurar se você está avançando ou retrocedendo em seus treinamentos.

A mente humana é como um vasto universo, cheio de pensamentos e emoções em constante movimento. Quando não observado, é algo que pode nos levar a agir de maneira reativa, especialmente em situações desafiadoras. Momentos em que talvez a mente gere pensamentos de medo ou insegurança, o que faz emoções intensas surgirem e acabarem ofuscando sua capacidade de pensar com clareza. Isso acontece porque a mente, quando sobrecarregada, age como um sistema em curto-circuito, o que dificulta a tomada de decisões racionais.

Para entender melhor como a mente funciona, gosto de usar a metáfora de um oceano. Durante uma tempestade, com ondas altas e turbulentas, navegar em segurança é quase impossível porque o barco fica descontrolado. Esse cenário representa a mente quando está cheia de pensamentos desordenados e emoções intensas, como estresse ou raiva. Nessas condições, é quase impossível enxergar o norte – assim como é difícil enxergar a realidade de forma clara quando estamos emocionalmente sobrecarregados. Agora, em um dia ensolarado, as águas ficam calmas, e você consegue usar um mapa e uma bússola para se guiar. É isso que acontece quando a mente está serena: conseguimos acessar um estado de clareza e foco, no qual as emoções não interferem na maneira como percebemos ou reagimos às situações.

A meditação é a ferramenta que ajuda a "acalmar as águas". Quando meditamos, criamos um espaço interno para observar a dinâmica entre pensamentos e emoções sem nos deixar levar por ela. É como se disséssemos à mente: "Tudo bem, eu vejo você, mas não preciso reagir agora". Com o tempo, a prática da meditação nos ensina a criar esse equilíbrio mental, em que a turbulência emocional não define nossas escolhas. Quando aprendemos a observar e regular esses processos internos, ganhamos a habilidade de agir com mais clareza e discernimento, mesmo sob pressão. Então a vida se transforma em navegar em um mar que pode até ter ondas, mas agora sabemos como conduzir o barco.

Segundo Renata Coura,

> [...] a história da meditação [...] tem suas raízes há mais de 5.000 anos, quando surgiu uma filosofia prática que mais tarde foi chamada de Yôga, uma palavra sânscrita que significa "união".[21]

Por ser tão antiga, podemos intuir que as funções dessa prática são muitas, para além de apenas "relaxar" ou "entrar em estado de transe", além do fato de que o último muitas vezes envolve uma redução da atividade consciente e, em alguns casos, uma suspensão do raciocínio lógico ou um "desligamento" da mente crítica – o oposto do estado meditativo, que exige atenção e alerta.

Então, aqui vai outro mito a ser desmistificado: meditar não é parar de pensar. Aprendi isso com o Professor DeRose, que me disse algo que nunca esqueci: segundo ele, muita gente acha que meditar é reduzir a consciência, mas é o contrário. É aumentá-la, é expandi-la, é adquirir mais lucidez. Por isso, seu veículo é chamado superconsciente. Isso me ajudou a compreender que meditar é, na verdade, aprender a observar os próprios pensamentos e emoções com mais clareza, como quem assiste a um filme sem se deixar se arrastar pela trama. É cultivar a habilidade de ser um observador atento, lúcido e presente.

Muitas vezes, momentos de "piloto automático" são confundidos com meditação verdadeira. Isso acontece porque, na correria do dia a dia, é fácil interpretar um simples desligamento mental como algo profundo. Mas a verdade é que essas experiências são

---

21 DEROSE. *Tratado de Yôga (Yôga Shástra)*. 45. ed. São Paulo: DeRose Editora, 2016.

MEDITAR NÃO É
PARAR DE PENSAR.
É APRENDER A
OBSERVAR SEUS
PENSAMENTOS
E EMOÇÕES COM
MAIS **CLAREZA**.

muito diferentes, tanto em termos de consciência quanto nos benefícios que oferecem. Um exemplo clássico de "piloto automático" acontece quando estamos dirigindo por uma rota familiar. Você chega ao destino e percebe que não se lembra de boa parte do trajeto. Seu corpo estava no comando, mas sua mente vagava por pensamentos aleatórios. Isso, definitivamente, *não é meditação*. Embora sua mente estivesse "desligada" das preocupações imediatas, ela também não estava presente. Você estava perdido em devaneios, não no momento presente.

Na prática, a meditação nos tira do piloto automático. Passamos boa parte do tempo em um estado de consciência disperso, com a mente sobrecarregada por estímulos externos e pensamentos incessantes, e geralmente queremos um escape imediato. Mas meditar não é fugir da realidade. Por ser um estado de lucidez e presença plena, a meditação nos ajuda a romper esse ciclo caótico, guiando-nos para estados mais elevados de consciência – em que o foco, a serenidade e a conexão profunda com o momento presente, com o corpo e a mente ganham espaço mesmo no caos.

Talvez você esteja se perguntando: como isso ajuda no dia a dia? E na comunicação? Conversaremos mais sobre o tema num capítulo mais à frente, pois a comunicação merece um espaço exclusivo.

Imagine que, no meio de um dia corrido, você se permita parar por apenas 5 minutos. Durante esse tempo, tudo o que você faz é focar a respiração. Enquanto inspira e expira de forma consciente, seu corpo começa a responder: os níveis de cortisol (o hormônio do estresse) diminuem, o ritmo cardíaco desacelera e a mente encontra um momento de calmaria. Esse pequeno intervalo pode transformar completamente como você encara o restante do dia, trazendo mais clareza e foco para suas decisões.

Com o tempo e a prática, a meditação vai além do gerenciamento do estresse. Uma dúvida comum para quem começa a meditar é: Como saber se estou progredindo na prática? A meditação, diferentemente de atividades físicas ou intelectuais, não oferece resultados visíveis ou imediatos. Em vez disso, os sinais de progresso aparecem de forma sutil, e um dos principais indicadores é como você passa a lidar com os desafios do cotidiano, por exemplo, situações que provocam ansiedade ou estresse. Quando percebe que responde com mais calma, clareza e equilíbrio, é um forte indicativo de que a meditação está ajudando você a criar um espaço interno de controle e lucidez.

Outro aspecto interessante é como a percepção do tempo pode ser sentida. Um bom sinal de progresso é perceber que a prática expande sua consciência. Por exemplo, você medita por 5 minutos, mas tem a sensação de que viveu algo muito mais profundo, como se aqueles poucos minutos tivessem se transformado em 30 minutos. Isso indica uma expansão de consciência – um momento em que a intensidade e a profundidade da experiência interna fazem o tempo parecer mais longo e significativo.[22] Lembre-se: o progresso na meditação não se mede pela quantidade de tempo, mas pela qualidade de sua presença. Segundo Coura:

22 Por sua vez, se você medita por 30 minutos e sente que passou apenas 5 minutos, é possível que sua mente tenha entrado em um estado de auto-hipnose ou dispersão. Nesses casos, a mente se contrai, e você pode permanecer em um estado de distração ou sonolência. Embora isso possa ser relaxante, não é o objetivo da meditação. O propósito é estar presente e atento, experimentando cada momento com consciência.

> [As técnicas de meditações] desencadeiam modificações internas sutis que ocorrem em frações de segundo e não são sequer percebidas de fora, mas podem mudar tudo. Tomamos consciência de que um comportamento [um pouco] diferente pode levar a resultados substancialmente distintos.[23]

Integrar a meditação na sua rotina é um presente para si mesmo. É uma oportunidade de ganhar mais controle sobre suas emoções, criar um espaço interno de equilíbrio e, principalmente, conectar-se de maneira mais verdadeira com quem você é. Mas a meditação não se limita a trazer uma sensação imediata de calma e relaxamento; ela vai muito além, promovendo mudanças duradouras no cérebro graças a um fenômeno incrível chamado **neuroplasticidade**, a capacidade que o cérebro tem de se reorganizar e formar novas conexões neurais ao longo da vida.

Durante muito tempo, acreditava-se que o cérebro era "fixo" após a infância, ou seja, uma vez formados a personalidade, as habilidades, os hábitos e os traumas, acreditava-se que era impossível mudar qualquer uma dessas coisas. Mas a ciência provou que esse órgão está em constante transformação, adaptando-se às nossas experiências, comportamentos e práticas.

E aqui entra a magia da meditação. Quando praticada regularmente, ela se torna uma experiência poderosa para remodelar

23 COURA, Renata. *Um outro olhar sobre a performance*. Paris: Edição do Autor, 2020. p. 173.

o cérebro de forma positiva. Estudos mostram[24] que a meditação pode aumentar a espessura do **córtex pré-frontal**, responsável por funções como tomada de decisões, planejamento e controle emocional. Ao mesmo tempo, reduz a atividade da **amígdala**, a região do cérebro ligada ao medo e às respostas ao estresse. Em outras palavras, meditar é como recalibrar o cérebro para responder às situações com maior clareza e menos reatividade.

Outros benefícios de médio e longo prazo da meditação incluem: melhoria da concentração, já que treinamos a mente para se concentrar em um único ponto de atenção, como a respiração ou um mantra, o que fortalece nossa capacidade de manter o foco e evitar distrações, melhorando a produtividade e o desempenho em tarefas que exigem atenção prolongada; redução do estresse, porque, com a prática regular, ficamos mais preparados para enfrentar desafios com calma e equilíbrio, sem sermos dominados pela ansiedade ou pelo medo; saúde emocional, com a meditação podemos regular emoções e desenvolver resiliência diante de adversidades. Com o tempo, esses benefícios não apenas transformam a resiliência cerebral, ou o funcionamento do cérebro de modo geral, mas também a maneira como vivemos, por exemplo, a melhora da qualidade do sono e a promoção do bem-estar geral, e como nos relacionamos com o mundo ao nosso redor. Vale

---

24 Para saber mais: LAZAR, Sara; KERR, Catherine E.; WASSERMAN, Rachel H. W. *et al.* Meditation Experience Is Associated with Increased Cortical Thickness. *Neuroreport*, v. 16, n. 17, p. 1893-7, 2005; McGREEVEY, Sue. Meditation study shows changes associated with awareness, stress. *The Harvard Gazette*, 21 jan. 2011; FOX, Kieran. Is meditation associated with altered brain structure? A systematic review and meta-analysis of morphometric neuroimaging in meditation practitioners. *Neuroscience & Biobehavioral Reviews*, v. 43, p. 48-73, 2014.

lembrar que os benefícios da meditação na saúde cerebral e emocional podem variar de pessoa para pessoa, e a prática regular é necessária para obter resultados significativos. Além disso, a meditação não deve ser considerada uma cura milagrosa, e sim uma ferramenta, devendo ser utilizada em conjunto com outras práticas e cuidados com a saúde.

7

EXERCÍCIOS DE MEDITAÇÃO E CONCENTRAÇÃO

A meditação e os exercícios de concentração são práticas poderosas que podem ser adaptadas de várias formas, com diferentes técnicas, cada uma com benefícios únicos. A seguir, apresento alguns exercícios simples e eficazes para praticar diariamente, com explicações sobre como realizá-los e os benefícios que oferecem.

Concentração na respiração

Técnica perfeita para iniciantes, porque desenvolve foco, presença e controle emocional. Com o tempo, você aprenderá a observar seus pensamentos sem se identificar com eles, trazendo

A MEDITAÇÃO E OS EXERCÍCIOS DE CONCENTRAÇÃO SÃO **PRÁTICAS PODEROSAS** QUE PODEM SER ADAPTADAS COM DIFERENTES TÉCNICAS, CADA UMA COM BENEFÍCIOS ÚNICOS.

calma e clareza para a mente. O objetivo é focar totalmente a sua respiração, observando-a de forma consciente, sem interferir no ritmo natural.

Como praticar:

- Sente-se confortavelmente com a coluna ereta e feche os olhos;
- Concentre-se na respiração: sinta o ar entrando e saindo pelas narinas, o movimento do abdômen subindo e descendo;
- Quando sua mente se distrair, traga a atenção de volta para a respiração, sem se julgar.

Escaneamento corporal

Essa técnica envolve mover a atenção por diferentes partes do corpo, promovendo relaxamento e consciência corporal. Além de melhorar a qualidade do sono, ajuda a aliviar o estresse, preparando corpo e mente para um estado de calma.

Como praticar:

- Deite-se ou sente-se confortavelmente;
- Comece pela cabeça e vá deslizando a atenção pelo corpo, da cabeça até os pés;
- Em cada região, concentre-se nas sensações presentes – calor, frio, tensão ou relaxamento;

- A cada expiração, imagine que está liberando qualquer tensão acumulada naquela área.

Meditação guiada para expansão de consciência

Ideal para iniciantes, a meditação guiada oferece apoio extra e ajuda a explorar a mente de forma segura. Seu objetivo é desenvolver a intuição, promover relaxamento e levar a possíveis insights profundos sobre questões pessoais. Essa prática utiliza áudios ou instruções verbais (veja exemplos no QR Code abaixo) para guiar você em uma jornada interna, trabalhando aspectos como relaxamento ou autoconhecimento.

Como praticar:

- Encontre um lugar tranquilo e escolha uma meditação guiada com o tema desejado;
- Siga as instruções dadas, permitindo-se visualizar cenários mentais ou explorar questões internas.

Meditação com mantras

Aqui, o foco é um mantra – uma palavra, um som ou uma frase repetida em silêncio ou em voz alta. Meditar com a repetição de um som cria um ritmo que acalma os pensamentos, melhora a concentração e facilita o acesso a estados profundos de introspecção.

Como praticar:

- Escolha um mantra simples, como "ÔM" ou "SO HAM";
- Sente-se confortavelmente, feche os olhos e repita o mantra em voz alta ou em sua mente;
- Se sua mente se distrair, retorne gentilmente ao mantra.

Exercícios de concentração

O objetivo desses exercícios é saturar a mente ao se concentrar em um único ponto. Experimente várias práticas e, ao encontrar aquela que mais se conecta com você e que permite maior concentração sem distrações, pratique-a regularmente até obter os melhores resultados.

1. Imagine um triângulo. Mantenha a imagem nítida por 1 minuto sem interrupções. No dia seguinte, aumente mais 1 minuto, fazendo isso progressivamente até atingir 15 minutos. Quando conseguir, passe para um exercício mais avançado, como substituir as cores ou o formato.

2. Dificulte ainda mais; além de imaginar a forma geométrica, mude o fundo para a cor azul e visualize-o em movimento, talvez balançando lentamente como um pêndulo. Troque as cores periodicamente.
3. Conte números de forma lenta, visualizando cada algarismo até perder a contagem. Repita o exercício diariamente até alcançar 20 minutos de prática.
4. No exercício anterior, adicione cores aos algarismos. Depois, para aumentar o nível de dificuldade, mude a cor de cada algarismo e do fundo enquanto conta.
5. Com a ajuda de um aplicativo de metrônomo em 1 bpm (batida por minuto), imagine uma forma geométrica simples na cor preta sobre um fundo branco. A cada batida, inverta as cores. Pratique até conseguir 20 minutos de concentração perfeita.
6. Pegue um relógio de pulso analógico e coloque-o junto ao seu ouvido. Concentre-se no som do tique-taque. Agora, ligue um aparelho de som com uma melodia homogênea, sem variações, em volume baixo. O desafio é não deixar de ouvir o som do relógio. Gradualmente, aumente o volume da música, mas sem perder o foco no tique-taque do relógio. Quando o volume estiver no máximo, comece a afastar o relógio lentamente, mantendo sempre o som do tique-taque presente. No momento que seu braço estiver totalmente estendido, o som no volume máximo e você ainda conseguir ouvir o som do relógio, terá atingido o ponto máximo do exercício.

Outras possibilidades:

7. Concentre-se na imagem de uma chama de vela. Visualize essa chama dentro do seu crânio, como se iluminasse suas ideias.
8. Imagine uma forma geométrica simples e estática.
9. Concentre-se no rosto de alguém com quem você tenha afinidade.
10. Visualize a imagem do sol.
11. Visualize a imagem da lua.
12. Imagine uma esfera dourada à sua frente e contemple o brilho luminoso.
13. Visualize uma flor de sua preferência – por exemplo, uma rosa vermelha – e foque sua consciência nela.

Existem inúmeros exercícios de meditação. O mais importante nesse treinamento é entender que, durante a concentração, outros pensamentos inevitavelmente surgirão. Muitas vezes, eles não terão relação com o objeto do foco. Aprender a "deixar esses pensamentos de lado" e voltar a se concentrar no objeto de meditação é o que tornará seu treinamento eficaz. Isso acontecerá muitas vezes até que sua mente se reeduque e aprenda a focar o que você deseja, pelo tempo que quiser. Não desista, pois a cada prática você estará mais próximo de alcançar o objetivo desejado.

8

MINDFULNESS E SEUS BENEFÍCIOS

Embora meditação e mindfulness estejam muito conectados, a ponto de serem confundidos, não são bem a mesma coisa. Sabe aquele instante mágico em que você senta na areia da praia só para ver o pôr do sol? O mar faz um "shh" hipnótico, a brisa refresca a pele, o céu troca de laranja para rosa e, por alguns minutos, é como se o relógio tirasse férias. Esse mergulho sensorial, de ouvir as ondas, sentir a temperatura do vento e notar o mosaico de cores no horizonte, é mindfulness puro – presença total, corpo e mente afinados no aqui e agora. Meditar seria dar um passo além: depois de curtir o espetáculo, fechar os olhos, deixar as imagens internas sossegarem e focar só a respiração ou um mantra, como quem muda do modo "curtir o momento" para o modo "treinar a mente". Ou seja, o pôr do sol consciente é o "passo zero"; a meditação começa quando você resolve permanecer para dentro, mesmo depois que o sol já se deitou.

Em ambos os casos, é possível fazer tudo sem prestar atenção, mas o meu ponto com os exemplos é demonstrar que, enquanto **mindfulness** é a prática de focar o aqui e agora, de se conectar completamente à experiência sem se distrair com pensamentos sobre o passado ou preocupações com o futuro, a **meditação** é uma prática mais estruturada, que exige a reserva de um tempo específico para a concentração, a introspeção e exploração de estados mais profundos de consciência. Meditar envolve técnicas que ajudam a acalmar a mente e cultivar o autoconhecimento. Diferentemente do mindfulness, que pode ser praticado em qualquer momento do dia, a meditação requer um foco mais deliberado e, muitas vezes, uma postura física específica.

Apesar dessas diferenças, as duas práticas estão profundamente interligadas. Pense no mindfulness como a "porta de entrada" para a meditação. Ele nos ensina a estar presentes e conscientes, criando a base necessária para mergulhar nos estados meditativos mais profundos. Se não conseguimos cultivar atenção plena no dia a dia, fica mais difícil alcançar o foco e a clareza que a meditação exige.

Outra forma de entender essa relação é imaginar o mindfulness como o treino diário que fortalece a mente para a prática da meditação. Durante o dia, ele nos ajuda a observar nossos pensamentos e emoções, reduzindo a reatividade automática. Esse hábito torna mais fácil, ao meditar, mergulhar profundamente em si mesmo, com menos distrações. O mindfulness exige uma observação do que está acontecendo dentro de você - pensamentos, emoções, sensações físicas - e também ao seu redor, com total consciência. Ao praticar mindfulness, não tentamos mudar ou controlar o que surge em nossa mente; apenas notamos, aceitamos e nos reconectamos ao aqui e agora. Em resumo:

- **Mindfulness:** viver o momento presente em *qualquer* atividade;
- **Meditação:** um processo mais profundo de concentração e introspecção.

Quando combinadas, essas práticas formam um caminho poderoso para o autoconhecimento, o equilíbrio emocional e uma sensação duradoura de calma interior. Os benefícios de mindfulness são vastos e comprovados:[25]

- no corpo, ajuda a reduzir o estresse, diminuir a pressão arterial e fortalecer o sistema imunológico;
- na mente, atua como uma ferramenta poderosa contra ansiedade e depressão, regulando emoções e promovendo bem-estar;
- nas emoções, ensina a observar sentimentos intensos sem sermos dominados por eles, permitindo lidar com desafios emocionais de forma equilibrada.

25 Para saber mais, recomendo: MACKEY, Sean; GILAM, Gadi; DARNALL, Beth. *et al.* Mindfulness-Based Stress Reduction, Cognitive Behavioral Therapy, and Acupuncture in Chronic Low Back Pain: Protocol for Two Linked Randomized Controlled Trials. *JMIR Research Protocols*, v. 11, n. 9, e37823, 2022; BLACK, David S.; SLAVICH, George M. Mindfulness meditation and the immune system: a systematic review of randomized controlled trials. *Annals of The New York Academy of Sciences*, v. 1373, n. 1, p. 13-24, 2016; ASSIS, Alan da Silva Menezes de. *Benefícios da meditação para a saúde mental de universitários*: uma revisão sistemática. Dissertação (Mestrado) – Universidade de São Paulo, São Paulo, 2023.

No dia a dia, os impactos são ainda mais transformadores. Com mais equilíbrio emocional, melhor foco e uma sensação de paz interior, você começa a perceber mudanças significativas. No trabalho, por exemplo, aprende a focar o momento presente – ouvindo ativamente, analisando reações e participando de forma mais eficaz. Ou na vida pessoal, em um jantar em família, em vez de comer de forma distraída, você pode saborear cada mordida, apreciando os sabores e as texturas, assim como aproveitar a companhia com mais intenção.

Essa prática traz mais prazer e significado até para as coisas mais rotineiras. O mais bonito? O mindfulness é simples e acessível. Não precisa de equipamentos ou muito tempo, apenas de presença.

Vamos praticar juntos?

Prática de mindfulness

1. **Encontre um lugar tranquilo:**
   - Sente-se em uma posição confortável, com os pés no chão ou as pernas cruzadas.
   - Mantenha as costas eretas, mas relaxadas.
2. **Prepare o ambiente:**
   - Pegue seu celular e silencie notificações para não ser interrompido.
   - Configure um timer de 5 a 10 minutos – ele avisará quando o exercício terminar.
3. **Relaxe o corpo:**
   - Feche os olhos suavemente.
   - Solte a tensão dos ombros, do maxilar e de outras áreas do corpo.

4. **Foque a respiração:**
   - Observe o ar entrando e saindo pelas narinas, sem tentar controlar.
   - Sinta o movimento do peito e do abdômen enquanto inspira e expira.
5. **Perceba as sensações:**
   - Note a temperatura do ar: fresco ao entrar, morno ao sair.
   - Observe as pausas sutis entre a inspiração e a expiração.
6. **Reconheça os pensamentos:**
   - É normal que pensamentos ou emoções surjam. Quando isso acontecer, reconheça-os sem julgá-los.
   - Imagine-os como nuvens passando pelo céu e, gentilmente, traga sua atenção de volta à respiração.
7. **Continue no seu ritmo:**
   - Comece com 5 minutos e, à medida que se sentir confortável, aumente para 10 ou 15 minutos.
8. **Finalize a prática:**
   - Faça algumas respirações profundas.
   - Movimente os dedos das mãos e dos pés.
   - Abra os olhos e aproveite o momento antes de se levantar.

Essa prática simples ajuda a acalmar a mente, reduzir o estresse e aumentar sua concentração. Lembre-se de começar com tarefas simples, como cozinhar ou dirigir com atenção plena, e vá aprimorando até chegar a tarefas mais desafiadoras, como estudar e trabalhar. Com o tempo, o mindfulness se tornará parte natural do seu dia, trazendo mais equilíbrio e bem-estar. Que tal começar agora?

O MINDFULNESS
É SIMPLES E
ACESSÍVEL.
PRECISA APENAS
DE **PRESENÇA**.

9

COMO A MEDITAÇÃO INTERFERE NOS PLANOS DE CONSCIÊNCIA

Existem sete planos no nosso universo: físico, emocional, mental, intuicional, monádico, anupádaka e ádi. Mas, neste livro, vamos explorar apenas os primeiros quatro, entendendo de que modo se manifestam. Cada plano é uma dimensão única, com sua própria função e propósito, mas são interligados e influenciam profundamente a maneira como nos relacionamos com o mundo e com nós mesmos. A meditação é uma ferramenta poderosa para acessar esses planos mais profundos de consciência. Ao meditar, começamos a nos afastar do estado mental comum, dominado por distrações e pensamentos dispersos, e nos aproximamos de estados mais elevados de percepção. A prática regular de meditação nos permite, com o tempo, ir além da consciência cotidiana – marcada por preocupações, ansiedades e tarefas triviais

– para alcançar a superconsciência, quando então nossa mente se torna mais clara, calma e focada.

Uma forma prática de entender esse processo é voltarmos no tempo e pensarmos na São Paulo de antes de 2006, cheia de outdoors fixos e móveis que enchiam a cidade de luzes piscando, sons altos e um turbilhão de informações visuais e auditivas competindo por atenção. Esse é o estado da mente não treinada: caótica, cheia de pensamentos que surgem de todos os lados, distraindo-nos continuamente. Assim como o caos no trânsito, em que é difícil focar uma única coisa, nossa mente dispersa se perde no excesso de estímulos e pensamentos.

A meditação funciona como um "filtro" que gradualmente reduz o ruído mental, permitindo surgir clareza. Ao nos concentrarmos em um ponto de atenção – seja na respiração, seja em um mantra ou numa visualização –, começamos a silenciar os pensamentos excessivos, como se estivéssemos diminuindo as luzes e sons até que reste apenas um foco. Esse processo nos leva a estados de superconsciência, nos quais há menos distrações, mais foco e uma percepção mais nítida do presente. Nesse estado, não estamos apenas conscientes daquilo que nos rodeia, mas também de nós mesmos, de nossos pensamentos e emoções, de uma forma mais profunda e intuitiva.

E é aí que os planos se tornam importantes para nós, conforme mostrarei a seguir.

O primeiro é o **plano físico**, mais palpável e conhecido, e aquele que experimentamos diariamente, dividindo-se em corpo físico denso (o visível) e corpo físico energético (a força vital). Assim como uma planta absorve a energia do sol para fazer a fotossíntese, o corpo energético capta e distribui a energia que mantém o corpo vivo e funcionando. No yoga, as práticas de respiração (*prāṇāyāma*) e outras técnicas visam equilibrar essa energia para melhorar nossa saúde e vitalidade.

O que torna o segundo plano, o **plano emocional**, particularmente interessante é a relação entre as emoções e a percepção do tempo. E já falamos sobre ele, mesmo que indiretamente, na primeira parte deste livro. Quando estamos tranquilos, parece que o tempo passa voando; porém, se estamos tensos, 10 segundos podem parecer uma eternidade. As emoções distorcem nossa percepção de tempo, criando uma experiência subjetiva de acordo com o que estamos sentindo. Através da prática do yoga, é possível encontrar equilíbrio emocional, tornando-nos menos suscetíveis a essas distorções.

O **plano mental** está relacionado à nossa capacidade de pensar, criar e raciocinar. E se divide em dois aspectos: um responsável pelos pensamentos racionais e lógicos (mental concreto), e outro que cuida das ideias, da imaginação e da criatividade (mental abstrato). No yoga, o corpo mental abstrato é treinado por meio de meditação e introspecção, permitindo que expandamos nossa consciência para além do mundo físico. O conflito entre o plano emocional e o mental concreto pode ser visto, por exemplo, em situações de relacionamento, quando uma pessoa está tomada pela emoção e a outra tenta usar a lógica. Esses níveis de consciência diferentes muitas vezes dificultam a comunicação, pois o que um tenta racionalizar, o outro ainda está emocionalmente processando.

O último plano é o **plano intuicional**, o mais sutil de todos, e está ligado ao que costumamos chamar de "sexto sentido" ou "superconsciência". A intuição é algo que todos já experimentamos, mas nem sempre conseguimos explicar. É aquela sensação de saber algo sem ter uma explicação lógica para isso – como um pressentimento sobre uma situação ou pessoa. Mas ela só começa mesmo a ser desenvolvida quando iniciamos na jornada do yoga, ao nos tornarmos **yôgin**, para então, muito tempo de estudo depois, ao nos tornarmos **yôgi**, ativarmos a "hiperconsciência", um estado ainda mais elevado de lucidez e compreensão.

À medida que a mente se acalma e os pensamentos dispersos são filtrados, abrimos espaço para insights e percepções que normalmente não surgem em um estado de consciência sobrecarregado. A intuição é uma forma de conhecimento direto – uma compreensão que vai além da lógica e do raciocínio, muitas vezes surgindo como uma "sensação" ou um "pressentimento". É como se estivéssemos acessando uma fonte interna de sabedoria que nos orienta de maneira sutil, mas poderosa.

Sobre esse assunto, o livro *Tratado de Yôga*, do professor DeRose, complementa:

> [...] O estado de hiperconsciência [...] está muito além da meditação. Para conquistar esse nível de megalucidez [...] requer tempo e saúde. [O] próprio yôga, em suas etapas preliminares, providencia um acréscimo de saúde para que o indivíduo suporte o empuxo evolutivo que ocorrerá durante a jornada [...]. Os efeitos sobre o corpo, sua flexibilidade, fortalecimento muscular, aumento de vitalidade e administração do estresse fazem-se sentir muito rapidamente.[26]

26 DEROSE. *Tratado de Yôga (Yôga Shástra)*. 45. ed. São Paulo: DeRose Editora, 2016. p. 555.

Mas não se engane, como tudo o que vale a pena, não existe uma fórmula mágica ou "os cinco passos para chegar à hiperconsciência até sexta-feira". Isso requer treino, disciplina e direcionamento correto e bem-intencionado. Para finalizar, consigo imaginar a pergunta na sua cabeça: como os corpos de cada plano interagem entre si na nossa vida? E a resposta é simples. O corpo e a mente estão sempre conversando, interligados nessa mesma existência. Um plano precisa do outro para funcionar de maneira correta e harmoniosa, como nós precisamos dos outros seres vivos para manter o equilíbrio na Terra. Quer um exemplo prático disso? Imagine que você acorde atrasado, depois de não ter dormido direito, e já comece o dia se xingando mentalmente: "Eu sou um desastre, não consigo dar conta de nada". Esse pensamento é do corpo mental. Só que ele imediatamente provoca uma emoção – talvez culpa, frustração ou ansiedade –, que vem do corpo emocional. Daí o corpo físico responde: seu coração acelera, seu estômago embrulha, você perde o apetite ou sente um peso nas costas. Pronto. Em poucos segundos, os três corpos conversaram (e não foi uma conversa muito agradável).

Agora imagine o contrário: você percebe esse pensamento automático, respira fundo, coloca uma música leve e decide tomar um banho com calma. Isso muda a emoção, que altera o estado físico.

Tudo começa com consciência. Você não precisa ser perfeito – só precisa aprender a escutar os sinais. A questão é: você está ouvindo o que eles têm a dizer?

A **INTUIÇÃO** É ALGO QUE TODOS JÁ EXPERIMENTAMOS, MAS NEM SEMPRE CONSEGUIMOS EXPLICAR.

10

EXERCÍCIO DE MEDITAÇÃO: CONTEMPLAÇÃO

A contemplação desenvolve intuição e autoconhecimento, convidando a mente a explorar questões profundas de forma aberta e criativa. Essa técnica envolve refletir sobre uma pergunta ou um conceito, sem buscar respostas imediatas. Esses exercícios são apenas o início de uma jornada de transformação interna; ao explorar sua mente com curiosidade, você se conectará de forma mais plena com o mundo interno e externo.

Como praticar:

- Escolha um tema, como "O que é felicidade?" ou "Qual é o meu propósito?";
- Sente-se confortavelmente e permita que sua mente explore o tema com curiosidade, sem pressioná-la por uma solução.

AO EXPLORAR
SUA MENTE COM
CURIOSIDADE, VOCÊ
SE **CONECTARÁ** DE
FORMA MAIS PLENA
COM O MUNDO
INTERNO E EXTERNO.

Outros exercícios para explorar a contemplação

Esses exercícios são projetados para aprimorar sua capacidade de visualizar cores, formas e criar imagens mentais ricas e detalhadas, além de trabalhar com arquétipos de maneira consciente. São práticas que estimulam a imaginação e fortalecem a conexão entre mente e criatividade.

Como praticar:

- Reserve um momento do dia para se dedicar a esses exercícios em um ambiente tranquilo, onde não será interrompido.
- Depois de se sentar com conforto e alinhar a coluna, escolha um objeto simples para observar. Pode ser uma vela acesa, uma planta, uma xícara, uma pedra ou até mesmo uma imagem que te transmita calma. O importante é que seja algo que permita a você mergulhar na observação sem distrações.
- Agora, olhe para esse objeto com mais atenção do que você costuma dar no dia a dia. Observe as cores, a textura, a forma. Repare nos detalhes que normalmente passariam batidos. Respire fundo e deixe que o tempo desacelere.
- Se algum pensamento aparecer, tudo bem; não brigue com ele. Agradeça a visita mental e volte para o objeto.
- Aos poucos, essa prática vai te ensinar a sair do modo automático e a treinar sua mente para estar presente no agora.

É como se você estivesse afinando um instrumento – só que o instrumento é você mesmo.

Tenha calma na vida

6

Vivo sempre no presente. O futuro não conheço. O passado já não o tenho.

– **Fernando Pessoa**[27] –

27 PESSOA, Fernando. *Livro do Desassossego por Bernardo Soares*. Vol. I. Lisboa: Ática, 1982. p. 186.

11

O PODER DA ROTINA

Sabe aquela sensação de volta de férias, quando você chega em casa, olha a mala da viagem para desfazer e percebe que se esqueceu de consumir algum alimento e a geladeira está um caos, isso sem falar no WhatsApp apitando com mensagens que seu eu do passado tinha dito "depois resolvo"? (Nossa, dá nervoso só de pensar!) Nesses momentos parece que tudo se empilha e não há ordem certa para resolver as coisas, porque todas parecem urgentes. É aí que você ativa o modo "luta ou fuga", mas, se estiver craque na inteligência emocional, saberá que a rotina é sua maior aliada, a que vai trazer ordem ao dia e alívio à mente.

Quando somos crianças, a rotina parece ser sinônimo de peso ou prisão. Na vida adulta, vira monotonia. Mas nenhuma dessas definições está certa. Na verdade, a rotina pode ser sua melhor amiga para criar estabilidade, sentir tranquilidade e até ter mais liberdade no dia a dia.[28] Pense aqui comigo: aqueles que têm uma base organizada não precisam gastar energia decidindo coisas triviais o tempo todo, o que resulta em menos estresse e mais espaço para focar no que realmente importa. E aqui não estou falando sobre pessoas que delegam tarefas para outras e nem daquelas que planejam com rigidez cada minuto do dia. Mas falo de quem cria padrões que ajudam a navegar pela vida com mais leveza.

Por exemplo, você já deve ter vivido aquele dia em que sua cabeça estava a mil e, no meio disso tudo, ainda precisou decidir o que fazer para o almoço? Parece besteira, mas só de pensar no que vamos comer já ficamos mais sobrecarregados. Mulheres e pessoas que moram sozinhas que o digam. Agora, imagine que você separe um tempinho para cozinhar e preparar marmitas para a semana, um único dia. Pronto. Uma preocupação a menos. Sua energia está liberada para tomar decisões mais importantes.

Rotina é isso: tirar o caos de cena e trazer mais previsibilidade para a vida. O que não significa viver no automático, e sim criar uma base sólida que ajuda a lidar melhor com os imprevistos. Quando as coisas essenciais estão organizadas, você ganha flexibilidade para encarar mudanças sem se perder no caminho. E sabe o que pode tornar isso ainda mais evidente? A meditação. Quando você reserva um momento fixo do dia para meditar, está treinando a mente para entender uma rotina, aquela pausa para a reflexão e o autoconhecimento. Aos poucos, isso vira uma âncora que te ajuda

28 A jornalista Isabela Reis fala sobre isso em um dos episódios de seu podcast: https://open.spotify.com/episode/3SRy5x1EA1Ygw9n0q3wuXZ?si=hwamTA4wQVKm4PIX8JAnqw.

ROTINA É ISTO: TIRAR O CAOS DE CENA E TRAZER MAIS **PREVISIBILIDADE** PARA A VIDA.

a processar emoções, se conectar consigo mesmo e, de quebra, cuidar da sua saúde mental. Cá entre nós, viver com mais equilíbrio e clareza faz toda a diferença, né?

Mas rotina não é algo que o ser humano criou com a invenção do capitalismo. Nosso corpo parece ter um ritmo próprio, do horário da fome ao cansaço do fim do dia, que motiva algumas de nossas ações e até facilita a escolha do que fazer. Esse é o **ciclo circadiano**, também conhecido como relógio biológico, responsável por sincronizar funções essenciais, como o sono, a temperatura corporal e até a liberação de hormônios. É ele que, sem você perceber, organiza o funcionamento do seu corpo ao longo de aproximadamente 24 horas.

Aqui vão alguns benefícios de manter (ou regular) o relógio biológico:

- redução da ansiedade, uma vez que o cortisol, conhecido como o hormônio do estresse, é produzido de maneira mais equilibrada. Um relógio interno regulado é como ter um "botão de pausa" para a correria mental;
- mais produtividade e eficiência, já que, quando respeitamos os picos de energia e garantimos uma boa noite de sono, a mente se mantém mais focada e o corpo mais disposto. Seguir esse ritmo natural faz toda a diferença na realização de tarefas, especialmente as mais complexas;

- estabilidade emocional, pois o ciclo circadiano, quando bem ajustado, favorece a produção de neurotransmissores como a serotonina, que regula as emoções e promove bem-estar. Com isso, você sente menos oscilações de humor e encara os desafios diários com mais leveza;
- saúde física e mental em alta, porque durante o descanso o organismo se recupera, a memória se fortalece e as funções cognitivas são otimizadas. Além disso, o equilíbrio hormonal ajuda no metabolismo e muitas outras coisas mais. É o combo perfeito para viver com mais saúde e disposição.

O corpo humano é muito inteligente e conta com o ciclo circadiano para ficar em equilíbrio. Mas, se esse processo sai do ritmo, como em casos de quando o dia é trocado pela noite ou a rotina é inconstante, tudo pode desregular. Você pode se sentir sem energia na hora errada, mal-humorado e com dificuldade para realizar tarefas simples. Quando respeitamos os ritmos internos, a produtividade aumenta e o esgotamento diminui. Porém, se insistimos em ignorar os sinais do corpo, como em casos de privação de sono ou trabalho em turnos, o impacto na saúde física e mental é inevitável.

Mas calma! Não quero que você revolucione sua rotina da noite para o dia. Minha ideia é te ajudar a dar pequenos passos, no seu ritmo, para melhorar a qualidade de vida. Aqui vão algumas dicas práticas:

- **Estabeleça metas simples:** foque o que faz sentido para você. Não precisa fazer tudo de uma vez;
- **Planeje com antecedência:** organize sua semana, incluindo tarefas importantes e tempo para você;
- **Seja flexível:** a rotina é importante, mas imprevistos acontecem. Permita-se fazer adaptações quando necessário;
- **Priorize o autocuidado:** reserve tempo para atividades que te fazem bem, como exercícios, hobbies ou momentos com quem você gosta;
- **Reavalie sempre:** ajuste sua rotina conforme suas necessidades mudam. Nada é fixo, e a adaptação faz parte do processo.

Eu sei que é mais fácil falar do que fazer. Você não precisa incorporar todas essas mudanças de uma vez – nem se sentir pressionado a fazê-las. O importante é começar no seu tempo, na intensidade que se sentir confortável e, acima de tudo, **porque você quer, e não porque alguém mandou**.

Por exemplo, quando digo para praticar exercícios, não estou dizendo que precisa ser musculação ou aquela aula de alta intensidade que você odeia. Escolha algo que te traga prazer. Pode ser dança, yoga, caminhada, artes marciais – o que fizer sentido no momento. Mas é importante que entenda que o ciclo circadiano é como um manual de funcionamento do seu corpo. Ajustar pequenos hábitos, como dormir e acordar nos mesmos horários, aproveitar a luz natural e reduzir estímulos noturnos podem fazer uma diferença enorme na sua energia, foco e saúde geral.

E sabe o que é melhor? O que você escolhe hoje não precisa ser para sempre. Talvez agora você adore a academia, mas daqui a dois anos prefira trocar por aulas de capoeira ou ciclismo. E está tudo bem! O importante é se adaptar às suas fases e necessidades. Afinal, como diz uma frase que eu adoro: "Perder o equilíbrio às vezes por amor faz parte de uma vida equilibrada" (Quem aí pegou a referência de filme?).

Mas como criar e manter hábitos saudáveis? Primeiro, escolha um hábito simples que faça sentido dentro do seu dia a dia. Pode ser algo como praticar respiração consciente por 5 minutos todas as manhãs, ler algumas páginas de um livro antes de dormir ou fazer uma breve caminhada após o almoço. O importante é que esse hábito seja fácil de implementar e se encaixe naturalmente na sua rotina.

Em seguida, respeite seu tempo, suas escolhas e suas fases. Ajustar sua rotina pode exigir um esforço inicial de adaptação, mas, com a prática regular e constante, essas ações se tornam automáticas, integrando-se ao seu dia a dia de forma natural. Por exemplo, se o objetivo é se exercitar sempre, comece com 10 minutos por dia, sempre no mesmo horário, aumentando o tempo gradualmente. Isso ajuda a evitar o esgotamento e aumenta as chances de sucesso a longo prazo.

Além disso, seguir uma rotina nos dá uma sensação clara de controle sobre a nossa vida. Ao organizar o tempo e as atividades, começamos a perceber que somos capazes de dirigir nossos esforços na direção dos nossos objetivos, o que reforça o senso de autonomia. Esse autocontrole leva a uma confiança crescente em nossa capacidade de lidar com os desafios, e, com o tempo, esse ciclo positivo de ação e recompensa fortalece a autoestima de maneira duradoura.

O apoio de outras pessoas também pode ser uma grande fonte de motivação e responsabilidade. Quando compartilhamos nossos objetivos com família e amigos, recebemos incentivo e criamos um senso de compromisso. Grupos de apoio ou comunidades com objetivos semelhantes também podem ser excelentes recursos para manter a disciplina e a motivação.

É importante também manter um registro diário do seu novo hábito, anotando quando e por quanto tempo você praticou. Isso permite que você visualize o seu progresso e identifique padrões que podem ser ajustados. Além disso, acompanhar as conquistas, mesmo as pequenas, reforça o senso de realização e ajuda a consolidar o hábito ao longo do tempo.

Por fim, defina metas claras e realistas, e celebre cada uma delas. Divida seus objetivos em três categorias: curto, médio e longo prazo. Metas de curto prazo ajudam a criar pequenas vitórias e a manter o foco no presente. Metas de médio prazo servem como marcos ao longo do caminho, enquanto as metas de longo prazo mantêm sua visão geral no horizonte, proporcionando motivação contínua. Ao ter um plano estruturado, você se mantém engajado no processo e aumenta a chance de sucesso.

Lembre-se: o segredo está na simplicidade e na constância. Ao escolher hábitos que ressoam com quem você é e praticá-los diariamente, você estará não apenas moldando sua rotina, mas também construindo um futuro mais saudável, produtivo e satisfatório.

12

A IMPORTÂNCIA DO SONO

Converso com muitas pessoas e percebo que há uma normalização sobre ter poucas horas de sono com "ah, eu já me acostumei a dormir pouco", ou "geralmente durmo só 4 horas", ou, ainda, "até posso me deitar, só que quase sempre fico muito no celular". Mas isso terá efeitos a curto, médio e longo prazo. Claro que há momentos específicos em que o sono será posto à prova, em dias mais ansiosos ou se tivermos algum problema urgente para lidar. Agora o que não pode ser normalizado é dormir pouco há muitos anos e achar que são "ossos do ofício".

Um estudo recente mostrou que o hábito de dormir por apenas 5 horas ou menos pode aumentar cerca de 30% os riscos de desenvolver uma série de doenças.[29] O crescimento dos trabalhos remotos, ou híbridos com rotinas mais flexíveis, permitiu que as pessoas conhecessem novas formas de trabalhar, mas acredito que exercer essa liberdade ainda exige disciplina. E me refiro a uma disciplina criada (e "imposta") por nós e para nós. Imagine alguém que trabalhe de segunda a quarta-feira do escritório, e às quintas e sextas de casa. O corpo sentirá esse impacto de toda forma, já que precisará adaptar todas as semanas, além de poder piorar começando a trabalhar em horários diferentes dependendo do lugar em que está. Piora tudo.

Em outras palavras, essa pessoa está colocando o próprio corpo em situações de adaptabilidade variável. Muitos amigos e pessoas com quem converso comentam comigo que ainda se sentem cansados, apesar de terem dormido muito no fim de semana, isso porque, na cabeça deles, "dormir = descansar". É quando então apresento outra camada da vida: a higiene do sono.

Não, não tem nada a ver com lavar os travesseiros (apesar de isso também ser importante, por favor!). Higiene do sono é um conjunto de práticas e hábitos que ajudam a garantir uma boa qualidade de sono, e isso faz toda a diferença na sua saúde e na sua rotina. Vou te contar algo que aprendi com o professor Andrei Mayer:[30] o sono é um processo **ativo**, não é como fechar a janela à noite e abri-la de novo pela manhã. Durante o sono, seu corpo está

29 CHRISTENSEN, Jen. Pessoas que dormem por 5 horas ou menos têm mais riscos de doenças, diz estudo. *CNN Brasil*, 18 out. 2022. Disponível em: https://www.cnnbrasil.com.br/saude/pessoas-que-dormem-por-5-horas-ou-menos-tem-mais-riscos-de-doencas-diz-estudo/. Acesso em: 8 maio 2025.

30 PhD em Neurociências, o professor Andrei Mayer desenvolve atividade de divulgação científica, com foco em materiais de texto produzidos para sites e redes sociais, e vídeos e transmissões ao vivo no YouTube, sobretudo no tema da neurociência do comportamento. Além de seus outros trabalhos, sugiro escutar seu podcast *Culpa do Cérebro*.

a todo vapor: regulando hormônios, consolidando memórias e até reparando tecidos. Por isso, quando você acorda mal-humorado, cansado ou com dor de cabeça, é o seu corpo gritando: "Querido humano, me ajuda a te ajudar!".

Quem sofre com essas questões de sono sabe que as causas podem ser muitas, de estresse emocional a dores. Talvez a pessoa até deite na cama, mas a mente não para de se preocupar com um ponto específico, e isso faz o corpo continuar em estado de alerta, dificultando o descanso. Então, cria um círculo vicioso: a falta de sono piora suas emoções, e suas emoções pioram seu sono. Com o tempo, esse mal regulamento pode se manifestar como cansaço crônico, insônia, dores no corpo e até problemas mais graves, como distúrbios cardíacos.

Então, pense comigo: você provavelmente tem (ou deveria ter) uma rotina de higiene bucal. Desde criança, talvez até com a ajuda do *Castelo Rá-Tim-Bum*, como eu, você tenha aprendido que escovar os dentes é um hábito inegociável, por isso escova os dentes de manhã e à noite, todo santo dia. E não passa pela sua cabeça escovar só três vezes na semana. **Por que com o sono seria diferente?**

Assim como cuidar dos dentes, manter uma rotina de sono regular é essencial. E se você está pensando: "Ah, mas dormir é só deitar e apagar", deixa eu te apresentar um hormônio chamado **melatonina**. Ele é tipo aquele amigo que organiza a festa: ele não te coloca para dormir diretamente, mas prepara tudo para que você tenha uma noite tranquila. A melatonina é naturalmente produzida pelo nosso corpo, mas cerca de 70% da população brasileira sofre com alterações de sono, segundo uma pesquisa da Fundação Oswaldo Cruz (Fiocruz). Ou seja, não estamos lidando muito bem com esse "organizador de festas".

O SONO É UM
PROCESSO **ATIVO**.

A melatonina regula nosso corpo para que, no momento que o sol se põe, seu corpo comece a produzi-la, sinalizando que está na hora de desacelerar. Porém, como ainda ficamos na frente de telas até mesmo antes de dormir, a luz desses aparelhos confunde o corpo, e ele demora mais para entender que é hora de relaxar. É por isso que, quando a melatonina entra em cena atrasada, o ciclo todo fica bagunçado: você vai dormir tarde, acorda cansado e se inicia aquele círculo vicioso de noites maldormidas e dias exaustos.

Se o sono é tão importante quanto escovar os dentes, por que não dar a ele a atenção que merece? Vem comigo que, nos próximos capítulos, vou te mostrar como ajustar sua rotina para dormir melhor e acordar renovado.

13

DICAS PRÁTICAS: POR QUE A HIGIENE DO SONO É ESSENCIAL?

Sabe aquele ditado que diz *"dormir bem é o melhor remédio"*? Não é só frase feita – é ciência! Aqui estão alguns pontos (e você vai perceber que muitos deles já foram apresentados neste livro) que mostram como a higiene do sono transforma não apenas suas noites, mas também toda a sua vida.

Recuperação física e mental

O sono é como o *pit stop* do corpo: é durante esse tempo que ele faz todos os reparos e ajustes necessários. Enquanto dormimos, a mente organiza a memória, as emoções se equilibram, os hormônios entram nos trilhos e os tecidos se regeneram. Agora, se o sono está bagunçado, adivinha o que acontece? Esse processo todo é interrompido, e a saúde física e mental começa a sentir o impacto.

Desempenho cognitivo

Uma boa noite de sono é como dar uma turbinada no cérebro. Concentração? Melhora. Memória? Afia. Decisões? Ficam mais claras. Por sua vez, quem dorme mal vive num estado de "neblina mental", com lapsos de memória e dificuldade para resolver até mesmo os problemas mais simples. E convenhamos, ninguém quer viver no modo *zumbi*, né?

Produtividade no trabalho

No trabalho, quem dorme bem leva vantagem. Mais foco, menos erros e maior produtividade. Já quem vive privado de sono... bom, é aquele que precisa de litros de café e ainda corre o risco de cometer deslizes. E mesmo para quem trabalha em horários não convencionais, como médicos, seguranças ou porteiros, dá para adaptar. Pequenas mudanças, como usar cortinas blackout ou máscaras para dormir, podem fazer milagres para melhorar a qualidade do descanso.

Segurança pública

Sono ruim não é só problema individual; pode afetar todo mundo. Motoristas sonolentos, por exemplo, são uma das principais causas de acidentes de trânsito. Então, quando falamos de higiene do sono, estamos falando também de segurança pública e de salvar vidas.

Qualidade de vida

Quem dorme bem, vive bem e muito mais. Parece simples, mas é real. Sono ruim traz consigo fadiga crônica, dores de cabeça e irritabilidade, deixando você com aquela sensação de que tudo está mais difícil do que deveria. Além disso, pesquisas mostram que dormir bem pode reduzir os riscos de doenças crônicas e até aumentar sua expectativa de vida.[31] Afinal, cuidar do sono é cuidar da base que sustenta sua saúde ao longo do tempo.

DÚVIDA:

EXISTEM BEBIDAS ALCOÓLICAS QUE AJUDAM A DORMIR MELHOR?

Vamos direto ao ponto:

- **Nenhuma.**
- **Zero.**
- **Absolutamente nenhuma.**

Eu sei que tem muita gente que defende a famosa taça de vinho antes de dormir dizendo que "ajuda a relaxar". Mas deixa eu te contar algo importante: o tiro pode sair pela culatra. Embora o álcool dê aquela sensação de descontração inicial, ele **interfere diretamente no sono**.

31 ROUSH, Ty. Dormir bem pode aumentar expectativa de vida, sugere estudo. *Forbes*, 24 fev. 2023. Disponível em: https://forbes.com.br/forbessaude/2023/02/dormir-bem-pode-aumentar-expectativa-de-vida-sugere-estudo/. Acesso em: 8 maio 2025.

O sono não é um estado "off" do corpo; ele é um processo ativo, cheio de funções essenciais, e o álcool bagunça tudo isso.

De acordo com dados da Organização Pan-Americana da Saúde (OPAS),[32] aqui estão alguns fatos sobre como o álcool pode prejudicar seu descanso:

- **Baixa qualidade do sono:** consumir álcool antes de dormir diminui tanto a qualidade quanto a duração do sono;
- **Interferência no sono REM:**[33] nos dois primeiros ciclos do sono, o álcool suprime a fase REM, que é crucial para o descanso mental;
- **Agrava apneia do sono:** se você tem apneia, o álcool pode piorar os sintomas;
- **Problemas de sono recorrentes:** 70% das pessoas com transtornos relacionados ao uso de álcool também têm distúrbios do sono;
- **Recuperação lenta:** mesmo após meses de abstinência, o sono pode demorar a voltar ao normal.

Em resumo: álcool e sono profundo são como dois polos opostos. Quer dormir melhor? Evite bebidas alcoólicas.

32 ORGANIZAÇÃO PAN-AMERICANA DA SAÚDE. *Álcool e sono*: como o álcool pode afetar seu sono. [*S. l.*]: OPAS/NMH/MH/21-0022, 2021. Disponível em: https://iris.paho.org/handle/10665.2/55182. Acesso em: 13 maio 2025.

33 Em resumo, o sono REM refere-se à última fase do ciclo de sono, caracterizada por movimentos oculares rápidos, sonhos vívidos, movimentos musculares involuntários, atividade cerebral intensa e batimentos cardíacos mais acelerados. É muito importante no processamento das memórias, aprendizado e conhecimentos, e geralmente se inicia cerca de 90 minutos após o início do sono, durando aproximadamente 10 minutos, e se repete várias vezes durante a noite.

Dicas para um sono de qualidade

Agora que já falamos do que **não ajuda**, vamos nos concentrar no que **realmente melhora o sono**. A seguir, apresento algumas práticas simples e eficazes que você pode adotar para ter um sono de qualidade.

- **Evite álcool antes de dormir:** como vimos, o consumo de bebidas alcoólicas mais atrapalha do que ajuda. Que tal trocar aquela taça de vinho por um chá sem cafeína?
- **Desconecte-se das telas:** a luz azul do celular ou da TV atrasa a produção de melatonina, o hormônio do sono. Tente desligar os eletrônicos pelo menos 1 hora antes de dormir e, quem sabe, trocar por um livro ou música relaxante.
- **Estabeleça horários regulares:** dormir e acordar no mesmo horário cria um ciclo saudável e ajuda seu corpo a entender quando é hora de descansar.
- **Mexa-se durante o dia:** exercícios físicos ajudam a regular o sono. Mas evite atividades intensas perto da hora de dormir – uma caminhada ou a prática de yoga podem ser ótimas opções no fim do dia.
- **Refeições leves à noite:** um jantar pesado pode atrapalhar a digestão e, consequentemente, seu sono. Se a fome bater, prefira algo leve, como uma fruta ou um chá.

- **Crie um ambiente ideal:** escureça o quarto, ajuste a temperatura para o seu conforto e reduza os ruídos. Um ambiente aconchegante faz toda a diferença.
- **Relaxe antes de deitar:** meditação, respiração profunda ou um banho morno são excelentes formas de desacelerar a mente e o corpo.
- **Use a respiração para dormir melhor:** já vimos que desacelerar a respiração ajuda o cérebro se acalmar, reduz os níveis de cortisol e prepara o corpo para o descanso merecido. Aquele exercício do "inspira 4, prende 8 e solta 4" pode ajudar aqui!
- **Tenha a terapia como aliada:** se os fatores emocionais estão te impedindo de descansar, é fundamental buscar ajuda.

Higiene do sono não é luxo; é necessidade. Pequenos ajustes na sua rotina podem transformar a qualidade do seu sono – e, por tabela, a sua vida. Que tal começar hoje a fazer do sono uma prioridade? Seu corpo, sua mente e até seu humor vão agradecer!

HIGIENE DO SONO
NÃO É LUXO;
É **NECESSIDADE**.

14

COMUNICAÇÃO CONSCIENTE

A comunicação é a cola invisível que mantém a vida em sociedade funcionando. Sem ela, não trocaríamos ideias, não repartiríamos recursos, não construiríamos projetos coletivos, ou sequer teríamos acordos mínimos sobre o que consideramos certo ou seguro. Do "com licença" no transporte público às longas negociações que definem políticas públicas, tudo repousa na capacidade de transmitir mensagens e, principalmente, de compreendê-las no contexto certo. Cada palavra, entonação ou gesto carrega dados práticos (o *que* precisa ser feito) e sinais emocionais (o *como* estamos nos sentindo), alinhando expectativas para que possamos cooperar, criar e resolver conflitos.

Quem domina essa arte avança alguns passos à frente. Bons comunicadores não apenas falam com clareza; eles interpretam nuances, adaptam o tom ao interlocutor e transformam divergências em oportunidades de ganho mútuo. No trabalho, isso significa liderar equipes, vender ideias e obter consenso com menos desgaste. Na vida pessoal, promove relações mais leves, limites mais saudáveis e redes de apoio genuínas. Em um mar de mensagens apressadas, quem transmite o recado certo, na hora certa e do jeito certo vira referência natural – inspira confiança, abre portas e, muitas vezes, conquista posições de liderança quase sem precisar pedir.

Até aqui você aprendeu a colocar a mente em "modo 4K" – respiração em dia, meditação dominada, atenção plena afiada. Quando enxergamos o mundo com essa nitidez, as entrelinhas saltam aos olhos. Frases que antes passavam batidas viram pequenos mapas emocionais.

Um exemplo clássico é de quando alguém chega até você dizendo: "Cara, tô apertado. Você consegue me emprestar um dinheiro?". Se estivermos no piloto automático, vem o "sim" constrangido ou o "não" seco. Com lucidez, percebemos que por trás do pedido há aflição (medo de ficar sem saída) e, talvez, vergonha. A resposta ganha três camadas: 1) acolher ("imagino o quanto isso deve estar pesando em você"); 2) limite claro ("no momento não consigo ajudar financeiramente"); 3) ponte de apoio ("mas estou aqui se precisar conversar ou pensar em alternativas"). Repare: ninguém sai se sentindo constrangido ou humilhado, ninguém vira vilão.

Outra frase campeã de conflito é: "Você sempre chega atrasado". Quando escutamos isso sem filtro emocional, reagimos na hora ("exagero seu!", "também, com esse trânsito..."). Com o radar ligado, traduzimos pelo seguinte: a outra pessoa não está fazendo auditoria de horários, e sim frustrada porque se sente desrespeitada. Em vez de rebater, podemos devolver com precisão cirúrgica:

"Entendo que meu atraso te atrapalha e faz você se sentir pouco valorizado. Vou ajustar minha agenda e, se eu vir que não vou conseguir, te aviso com antecedência". Percebeu como a conversa muda de *culpa* para *solução*?

Terceiro cenário possível: o chefe solta um "preciso falar com você depois". Sem inteligência emocional, o cérebro escreve duzentos roteiros de catástrofe. Respiração ancorada, analisamos o subtexto de que ele quer atenção exclusiva para um tema que talvez exija confidencialidade. E a resposta lúcida seria: "Claro! Quando for melhor para você. Assim me preparo". Mostramos disponibilidade sem cair em paranoia – e ganhamos pontos pela organização.

Por fim, a cena doméstica: "Você nunca me escuta". Para isso, o piloto automático aciona justificativas ("agora estou ocupado", "não é verdade"). Mas, com a lente da empatia, enxergamos, na verdade, um pedido de conexão. Podemos pausar, manter contato visual e refletir em voz alta: "Desculpa se parece que não estou presente. O que você precisa que eu ouça agora?". Esse simples gesto valida a emoção do outro e devolve à conversa a sensação de que estamos no mesmo time ("nós contra o problema"). Quando entendemos que cada frase carrega um combo de sentimento + necessidade, a comunicação vira ponte em vez de muro, e todo diálogo, do elevador ao casamento, fica muito mais produtivo.

Para afinar ainda mais esse radar, o primeiro passo é desacelerar a interpretação automática. Em vez de preencher os silêncios com pressa, faça micropausas internas: conte mentalmente "um... dois..." antes de responder. Nesse intervalo minúsculo dá tempo de notar expressões faciais, ajustar o tom de voz e, principalmente, checar se você entendeu bem a intenção alheia. Muitas gafes nascem porque respondemos à primeira camada da frase e ignoramos os gestos ou o olhar que diziam outra coisa.

O segundo ponto é trocar o "escutar para responder" pelo "escutar para sentir". Quando alguém fala, pergunte-se: "como essa história soa no corpo dele?". Repare em sinais de nervosismo (fôlego curto, mãos agitadas) ou de entusiasmo (olhos brilhando, postura ereta). Depois, valide em voz alta: "Percebo que só de contar você já fica tenso" ou "Dá pra ver que isso te empolga". Esse espelho emocional mostra que você realmente captou a mensagem, abrindo espaço para a pessoa aprofundar sem medo de julgamento.

A terceira dica consiste em praticar a pergunta de continuação. Em vez de emendar um conselho, convide o outro a detalhar: "E, quando isso acontece, o que passa na sua cabeça?" ou "Qual seria o cenário perfeito para você?". Perguntas abertas transformam monólogos nervosos em diálogos produtivos, revelam motivações escondidas e evitam conselhos que não servem. Lembre-se de que toda solução prematura soa como "quero encerrar logo", enquanto uma boa pergunta passa a ideia de um "me importo o bastante para entender melhor".

Por último, combine um feedback empático com autenticidade. Dizer "entendo" sem realmente entender soa vazio; dizer "não posso ajudar" sem empatia soa frio. O equilíbrio é: 1) nomear a emoção observada; 2) reconhecer seu impacto; 3) expor sua verdade com clareza. Por exemplo: "Vejo que você está frustrado porque o projeto emperrou. Imagino a pressão que isso traz. Eu, porém, não tenho autonomia para liberar verba, mas posso te mostrar quem pode destravar esse ponto". Assim você demonstra sintonia emocional, mantém honestidade e, ainda, oferece um caminho – a santíssima trindade de uma comunicação que realmente conecta.

Quando juntamos lucidez emocional, escuta empática e intenção clara, a conversa deixa de ser um cabo de guerra e vira uma ponte firme. Cada pausa consciente abre espaço para perceber o sentimento por trás das palavras, cada pergunta aberta aprofunda o entendimento, cada feedback honesto, porém cuidadoso, devolve segurança à relação. Ao praticar o trio presença, curiosidade e respeito, transformamos diálogos cotidianos em trocas nas quais todos saem com menos tensão, mais ideias e a certeza de serem vistos. É assim que a inteligência emocional ganha voz: não para vencer debates, e sim para costurar alianças duradouras e expandir, conversa a conversa, a qualidade das nossas conexões.

QUANDO JUNTAMOS LUCIDEZ EMOCIONAL, ESCUTA EMPÁTICA E INTENÇÃO CLARA, A CONVERSA DEIXA DE SER UM CABO DE GUERRA E VIRA UMA **PONTE FIRME**.

15

PARA CONCLUIR (OU UM BREVE RESUMÃO)

Agora que você já entendeu a importância de reconhecer e gerenciar suas emoções, além de ter visto os exercícios que te ajudam a melhorar sua vivência, vou apresentar um caminho prático (mas não definitivo) que realmente pode fazer a diferença no seu dia a dia. Gerenciar as emoções não tem a ver com "controlar tudo", e sim com aprender a navegar com mais calma e clareza pelas inevitáveis tempestades emocionais.

Pense comigo: assim como o sono renova o corpo, gerenciar as emoções é como fazer uma faxina na mente. Não dá para evitar todas as situações que nos afetam, mas podemos aprender a responder a elas de maneira mais saudável. Bora praticar?

GERENCIAR AS EMOÇÕES NÃO TEM A VER COM "CONTROLAR TUDO", E SIM COM APRENDER A NAVEGAR COM MAIS **CALMA** E **CLAREZA** PELAS INEVITÁVEIS TEMPESTADES EMOCIONAIS.

Respiração consciente: seu botão de *reset*

Quando as emoções estão à flor da pele, a respiração consciente é como um botão de *reset*. Sentiu raiva, ansiedade ou aquela pressão no peito? Pare e respire:

- Inspire pelo nariz enquanto conta até 4;
- Segure o ar por 8 segundos;
- Solte devagar, contando até 4.

Esse simples exercício manda um sinal para o seu cérebro: "*Ei, está tudo bem, podemos desacelerar*". Faça algumas repetições e perceba como seu corpo começa a se acalmar. É simples, mas poderoso. Se você sentiu que esta contagem ficou desconfortável, tente fazer no ritmo 3-6-3; ela será menos intensa. O importante é manter a proporção de que o tempo com os pulmões cheios de ar será o dobro comparado ao tempo de inspiração e expiração.

Identifique seus gatilhos: quem ou o que aperta seus botões?

Todo mundo tem gatilhos emocionais – aquela coisa que faz você reagir no automático. Pode ser uma crítica no trabalho, uma discussão em casa ou até o trânsito (quem nunca, né?).

O truque aqui é prestar atenção:

- *O que me faz reagir assim?*
- *Qual é o padrão por trás dessa emoção?*

Quando você reconhece seus gatilhos, é como se ganhasse um mapa para evitar armadilhas emocionais. Da próxima vez que você se sentir no limite, já estará preparado para lidar com eles de maneira mais consciente.

Empatia: um superpoder subestimado

Sabe aquele momento em que alguém te tira do sério? Antes de reagir, experimente praticar empatia. Pergunte-se:

- *"O que essa pessoa pode estar passando para agir assim?"*

Às vezes, a pessoa está apenas projetando algo que não tem nada a ver com você. Se colocar no lugar do outro não é justificar tudo, mas enxergar a situação por outro ângulo. Isso reduz conflitos desnecessários e melhora as conexões humanas.

Meditação e mindfulness: treinamento para sua mente

Lembrando que meditação e mindfulness estão intrinsecamente relacionados ao pensarmos que ambos criam espaço para observar pensamentos e emoções sem julgamento. Comece simples:

- Reserve 5 minutos por dia;
- Sente-se em um lugar tranquilo;
- Foque a respiração, o som ao seu redor ou em como seu corpo está se sentindo.

Ambos ajudam a fortalecer sua resiliência emocional com o tempo, com a rotina e o seu próprio corpo.

Fale sobre o que você sente

Guardar tudo para si é como encher um balde de água até ele transbordar. Mais cedo ou mais tarde, isso acontece. Conversar sobre suas emoções – seja com amigos, familiares ou um terapeuta – é libertador.

De maneira prática, sugiro duas coisinhas aqui a esse respeito:

- Não espere explodir para falar. Encontre momentos calmos para expressar o que sente;
- Use frases como: *"Eu me sinto [insira a emoção aqui] quando acontece [situação]"*. Isso evita acusações e abre espaço para diálogos mais saudáveis.

Mexa o corpo para processar a mente

Sim, o corpo e as emoções estão conectados. Sentiu raiva ou frustração? Faça algo físico. Caminhe, dance, faça yoga, ou até mesmo jogue almofadas no chão (desde que ninguém esteja no caminho!). O movimento ajuda a liberar tensões acumuladas e a clarear a mente.

Crie espaços para desacelerar

Nem sempre é possível resolver uma emoção no calor do momento. Quando tudo parecer demais, dê um tempo. Pode ser uma pausa rápida no banheiro, olhar pela janela ou até mesmo ouvir uma música que te acalma. Criar esses espaços é como apertar a tecla *pause* antes de seguir adiante.

Reflita sobre suas reações

Essa reflexão ajuda a identificar padrões e a entender o que realmente está acontecendo por trás das suas emoções. Depois que a poeira baixar, pergunte-se:

- *"Por que reagi assim?"*
- *"Essa emoção estava ligada à situação ou a algo mais profundo?"*

16

AINDA NÃO ACABOU: OUTRAS FORMAS DE GERENCIAR AS EMOÇÕES

Muito além das técnicas que exploramos neste livro – como a respiração consciente e o mindfulness –, existem outras ferramentas poderosas para gerenciar nossas emoções no dia a dia. Nem todas envolvem fechar os olhos e respirar fundo; algumas são práticas que nos conectam com nossas reações de forma direta, criativa e até mesmo surpreendente.

Afinal, gerenciar emoções não diz respeito a escolher uma única abordagem, mas descobrir o que funciona para você em diferentes momentos da vida. É como montar uma caixa de ferramentas emocional: quanto mais opções você tiver à disposição, mais preparado estará para lidar com os desafios que surgirem.

Então, vamos ampliar nosso repertório? A seguir, você encontrará novos exercícios que complementam o que já aprendemos,

GERENCIAR EMOÇÕES NÃO DIZ RESPEITO A ESCOLHER UMA ÚNICA ABORDAGEM, MAS DESCOBRIR O QUE FUNCIONA PARA VOCÊ EM DIFERENTES MOMENTOS DA VIDA.

trazendo insights e estratégias práticas para fortalecer sua inteligência emocional e navegar pelas tempestades do cotidiano com mais equilíbrio e clareza.

A técnica dos três "porquês"

Quando você se sentir tomado por uma emoção forte, faça a si mesmo a seguinte pergunta: *"Por que estou me sentindo assim?"*. Anote a resposta e se pergunte novamente: *"E por que isso me incomoda?"*. Depois, repita pela terceira vez: *"Por que isso é importante para mim?"*. Essa técnica ajuda a identificar o núcleo da emoção, revelando valores pessoais e oferecendo clareza sobre o que está por trás da sua reação. Com isso, você responde de forma mais consciente em vez de reagir por impulso.

Exemplo prático:

Alguém no trabalho faz um comentário que te irrita. Pergunte:

- *"Por que isso me irritou?"* – Exemplo: Porque senti que fui desrespeitado.
- *"Por que isso me incomoda?"* – Exemplo: Porque valorizo ser tratado com respeito.
- *"Por que isso é importante para mim?"* – Exemplo: Porque me esforço para ser respeitoso com os outros.

A técnica do "se fosse meu amigo..."

Quando você estiver lidando com emoções difíceis, imagine que um amigo querido está passando pela mesma situação. O que você diria para confortá-lo ou aconselhá-lo? Essa técnica promove a autocompaixão e reduz a autocrítica, ajudando você a lidar com emoções difíceis de maneira mais gentil e equilibrada.

Exemplo prático:

Você se sente culpado por ter cometido um erro. Pergunte-se: "*Se um amigo tivesse feito isso, o que eu diria para ele?*". Provavelmente algo como: "*Todo mundo erra, faz parte do aprendizado*". Agora, diga isso a si mesmo.

Defina suas "regras do jogo"

Crie um conjunto de regras pessoais para situações que normalmente desencadeiam emoções intensas. Isso ajuda a estabelecer limites claros para você e para os outros, já que regras predefinidas reduzem a probabilidade de reagir impulsivamente, além de promover maior equilíbrio emocional e respeito pelos seus limites pessoais.

Exemplo prático:

- Regra: "*Eu não respondo mensagens de trabalho depois das 20h*".

- Regra: *"Se alguém levantar a voz comigo, eu termino a conversa educadamente e volto a falar quando ambos estivermos mais calmos"*.

Reenquadre o pensamento

Quando uma emoção negativa surgir, tente reinterpretar a situação de uma maneira mais positiva ou neutra. Essa técnica ensina a mudar a perspectiva, o que reduz emoções como frustração ou tristeza, e promove maior resiliência emocional. São ferramentas simples, mas com prática e consistência podem se tornar poderosos aliados na sua jornada de gestão emocional. Escolha uma ou duas para começar e veja como elas podem transformar a maneira como você lida com os desafios emocionais do dia a dia!

Exemplo prático:

- Situação: Você não foi convidado para um evento importante.
- Pensamento inicial: *"Eles não gostam de mim"*.
- Reenquadramento: *"Talvez o evento tenha um limite de convidados ou eu não estava no radar deles desta vez"*.

FIM – OU O COMEÇO DE TUDO

Sim, chegamos ao fim da nossa jornada. Espero que esta leitura tenha te ajudado a começar a identificar, nomear e comunicar suas emoções na prática, sem receios e tendo maior autonomia e controle quanto ao que quer para você e as relações que desenvolve com as pessoas que te rodeiam. Que aquela infindável discussão de relacionamento se transforme em um papo bacana e respeitoso. Que aquele desconforto promovido por um colega de trabalho se torne um trunfo para conseguir estabelecer limites mais claros. Que aquelas horas rolando no feed de alguma rede social possam ser substituídas por uma atividade em que você esteja verdadeiramente presente. E que, finalmente, se torne capaz de se sentir confortável com quem você é.

Mas não pense você que apenas dispor dessas ferramentas é o suficiente para reconhecer e avaliar as próprias emoções e as dos outros, assim como a capacidade de lidar com elas (sim, ela, a tão sonhada inteligência emocional!). É preciso arregaçar as mangas e inserir as práticas descritas aqui na sua rotina, sempre escolhendo aquelas que fazem sentido para você e o contexto em que está inserido.

E com certeza haverá falhas no meio do caminho. Somos humanos. E as falhas também fazem parte daquilo que nos constitui como esses seres tão cheios de defeitos quanto de qualidades. Mas a ideia é sempre trazer mais leveza à nossa vida diária e nos investir de instrumentos para nos conhecermos mais, melhor e com mais amor. Tenha calma, você chegará lá.

AGRADECIMENTOS

Acredito profundamente que o sentimento de AGRADECER tem o poder de transformar vidas.

Refiro-me à gratidão pura e genuína – e digo, sem sombra de dúvidas, que esta obra não teria nascido sem a minha rede de apoio: minha família, meus amigos e amigas espalhados pelo mundo, e meu parceiro de vida, João Lucas. Sem eles, eu não seria metade do homem que sou.

À minha querida editora e amiga, Fernanda Simões, que, junto à Editora Planeta, viu potencial no meu trabalho mesmo quando eu duvidava. E olha só que obra linda criamos.

Aos milhares de seres humanos inspiradores que acompanham e gostam do meu trabalho, deixo aqui minha mais profunda gratidão. Que a vida de cada pessoa que ler estas palavras seja extremamente próspera e abençoada.

Dizem que, ao longo da vida, precisamos plantar uma árvore, escrever um livro e ter um filho.

A árvore já plantei, o livro tá aqui nas suas mãos... E o filho? Bom, por enquanto, acho que um pet cheio de personalidade já tá valendo, né?

REFERÊNCIAS BIBLIOGRÁFICAS

ASSIS, Alan da Silva Menezes de. *Benefícios da meditação para a saúde mental de universitários*: uma revisão sistemática. Dissertação (Mestrado) – Universidade de São Paulo, São Paulo, 2023. Disponível em: https://www.teses.usp.br/teses/disponiveis/6/6143/tde-11122023-113539/. Acesso em: 14 maio 2025.

BLACK, David S.; SLAVICH, George M. Mindfulness meditation and the immune system: a systematic review of randomized controlled trials. *Annals of The New York Academy of Sciences*, v. 1373, n. 1, p. 1-12, 2016. Disponível em: https://teams.semel.ucla.edu/sites/default/files/publications/Mindfulness%20meditation%20and%20the%20immune%20system.pdf. Acesso em: 14 maio 2025.

BROWN, Brené. *A coragem de ser imperfeito*: como aceitar a própria vulnerabilidade, vencer a vergonha e ousar ser quem você é. Rio de Janeiro: Sextante, 2016.

BUCKINGHAM, Louise. The Healing Power of Words: Exploring Pennebaker's Theory of Expressive Writing. *Happio*, c2023. Disponível em: https://happio.io/the-healing-power-of-words-exploring-pennebakers-theory-of-expressive-writing/. Acesso em: 13 maio 2025.

CAMARGO, Denise. Emoção, primeira forma de comunicação. *InterAção*, Curitiba, v. 3, p. 9-20, jan./dez. 1999. Disponível em: https://core.ac.uk/download/pdf/87773802.pdf. Acesso em: 23 fev. 2025.

CASTRO, Ro de. *Respiração total*: técnicas do Swásthya Yôga. 3. ed. Saquarema (RJ): Edição do Autor, 2022.

CHRISTENSEN, Jen. Pessoas que dormem por 5 horas ou menos têm mais riscos de doenças, diz estudo. *CNN Brasil*, 18 out. 2022. Disponível em: https://www.cnnbrasil.com.br/saude/pessoas-que-dormem-por-5-horas-ou-menos-tem-mais-riscos-de-doencas-diz-estudo/. Acesso em: 8 maio 2025.

COELHO, Lilian. O que é a meditação do plexo solar? Saiba como fazer. *Terra*, 11 dez. 2024. Disponível em: https://www.terra.com.br/vida-e-estilo/o-que-e-a-meditacao-do-plexo-solar-saiba-como-fazer,8c71a9ae5442e1f98f21d9b0dd1666a3esbj6pbi.html. Acesso em: 4 maio 2025.

COURA, Renata. *Um outro olhar sobre a performance*. Paris: Edição do Autor, 2020.

DAMÁSIO, António R. *O erro de Descartes*: emoção, razão e o cérebro humano. [*S. l.*]: Edição Econômica, 2012.

DEROSE METHOD. Maximize your potential. Disponível em: https://derosemethod.org/en/#. Acesso em: 2 maio 2025.

DEROSE. *Corpos do homem e planos do universo*. São Paulo: Nobel/ Editora Uni-Yôga, 2003. p. 26.

DEROSE. *Tratado de Yôga (Yôga Shástra)*. 45. ed. São Paulo: DeRose Editora, 2016.

DINO. Metodologia DeROSE Method completa 59 anos ensinando mindfulness. *Terra*, 21 jun. 2019. Disponível em: https://www.terra.com.br/noticias/dino/metodologia-derose-method-completa-59-anos-ensinando-mindfulness,198d45c109cecd66460b95c515c163400xsknwm5.html?utm_source=clipboard. Acesso em: 2 maio 2025.

DIVERTIDA MENTE. Direção de Pete Docter. Roteiro de Meg LeFauve, Josh Cooley e Pete Docter. Produção de Jonas Rivera. Califórnia: Walt Disney Pictures/Pixar Animation Studios, 2015 (1h35min).

EKMAN, Paul. *A linguagem das emoções*. São Paulo: Leya, 2011.

FOX, Kieran. Is meditation associated with altered brain structure? A systematic review and meta-analysis of morphometric neuroimaging in meditation practitioners. *Neuroscience & Biobehavioral Reviews*, v. 43, p. 48-73, 2014. Disponível em: https://www.academia.edu/12586609/Is_meditation_associated_with_altered_brain_structure_A_systematic_review_and_meta_analysis_of_morphometric_neuroimaging_in_meditation_practitioners. Acesso em: 14 maio 2025.

GOLEMAN, Daniel. *Inteligência emocional*: a teoria revolucionária que redefine o que é ser inteligente. São Paulo: Objetiva, 1996.

GOLEMAN, Daniel. *Inteligência emocional*: por que ela pode importar mais que o QI. Ed. comemorativa de 10º aniversário. Rio de Janeiro: Objetiva, 2011. p. 40.

GROSS, J. J. Emotion regulation: current status and future prospects. *Psychological Inquiry*, v. 26, n. 1, p. 1-26, 2015.

HOOKS, bell. *Tudo sobre o amor*: novas perspectivas. São Paulo: Elefante, 2022.

KOELLE, Isis. Inteligência Emocional: o que é, importância e como desenvolver. *Portal do RH – Governo de Mato Grosso do Sul*, 21 jun. 2024. Disponível em: https://www.portaldorh.ms.gov.br/artigo-inteligencia-emocional-o-que-e-importancia-e-como-desenvolver/. Acesso em: 2 maio 2025.

LAZAR, Sara W.; KERR, Catherine E.; WASSERMAN, Rachel H. *et al*. Meditation Experience Is Associated with Increased Cortical Thickness. *Neuroreport*, v. 16, n. 17, p. 1893-7, 2005. Disponível em: https://www.researchgate.net/publication/7495096_Meditation_Experience_Is_Associated_with_Increased_Cortical_Thickness. Acesso em: 14 maio 2025.

MACKEY, Sean; GILAM, Gadi; DARNALL, Beth. *et al.* Mindfulness--Based Stress Reduction, Cognitive Behavioral Therapy, and Acupuncture in Chronic Low Back Pain: Protocol for Two Linked Randomized Controlled Trials. *JMIR Research Protocols*, v. 11, n. 9, e37823, 2022. Disponível em: https://pmc.ncbi.nlm.nih.gov/articles/PMC9555327/. Acesso em: 14 maio 2025.

MARCHIORI, Brenda. Na somatização o paciente não consegue diferenciar os sintomas físicos de origem psíquica de doença orgânica. *Jornal da USP*, 19 maio 2021. Disponível em: https://jornal.usp.br/campus-ribeirao-preto/na-somatizacao-o-paciente-nao-consegue-diferenciar-os-sintomas-fisicos-de-doenca-organica-da-condicao-psiquica/. Acesso em: 2 maio 2025.

McGREEVEY, Sue. Meditation study shows changes associated with awareness, stress. *The Harvard Gazette*, 21 jan. 2011. Disponível em: https://news.harvard.edu/gazette/story/2011/01/eight-weeks-to-a-better-brain. Acesso em: 14 maio 2025.

MESTRE DEROSE. *Tratado de Yôga*. [*S. l.*]: Nobel, 2007.

MUSSAK, Eugenio. Sobre criar expectativas. *Vida Simples*, 26 nov. 2019. Disponível em: https://vidasimples.co/colunista/sobre-criar-expectativa/. Acesso em: 2 maio 2025.

ORGANIZAÇÃO PAN-AMERICANA DA SAÚDE. *Álcool e sono*: como o álcool pode afetar seu sono. [*S. l.*]: OPAS/NMH/MH/21-0022, 2021. Disponível em: https://iris.paho.org/handle/10665.2/55182. Acesso em: 13 maio 2025.

PACHECO, Pedro. Brené Brown: a importância da empatia. *Destrava*, 22 ago. 2024. Disponível em: https://conteudo.destrava.com/blog/brene-brown-a-import%C3%A2ncia-da-empatia. Acesso em: 29 abr. 2025.

PESSOA, Fernando. *Livro do Desassossego por Bernardo Soares*. Vol. I. Lisboa: Ática, 1982. p. 186.

RATH, Tom. *Descubra seus pontos fortes 2.0*. Rio de Janeiro: Sextante, 2016.

REIS, Isabela. Rotina #120. *Podcast Conselhos que você pediu*, 9 fev. 2025. Disponível em: https://open.spotify.com/episode/3SRy5x1EA1Ygw9noq3wuXZ?si=hwamTA4wQVKm4PlX8JAnqw&nd=1&dlsi=53c11abd5f9a4de3. Acesso em: 7 maio 2025.

ROUSH, Ty. Dormir bem pode aumentar expectativa de vida, sugere estudo. *Forbes*, 24 fev. 2023. Disponível em: https://forbes.com.br/forbessaude/2023/02/dormir-bem-pode-aumentar-expectativa-de-vida-sugere-estudo/. Acesso em: 8 maio 2025.

SINEK, Simon. *Comece pelo porquê*: como grandes líderes inspiram pessoas e equipes a agir. Rio de Janeiro: Sextante, 2018.

SUY, Ana. *A gente mira no amor e acerta na solidão*. São Paulo: Planeta, 2022.